Fadi Saad

Der große Bruder von Neukölln

Ich war einer von ihnen – vom Gang-Mitglied
zum Streetworker

HERDER

FREIBURG · BASEL · WIEN

Liebe mich, wenn ich es
am wenigsten verdiene,
denn dann brauche ich es
am dringendsten!

Originalausgabe

© Verlag Herder Freiburg im Breisgau 2008
Alle Rechte vorbehalten
www.herder.de
Satz: Weiß-Freiburg GmbH – Graphik & Buchgestaltung
Herstellung: CPI Moravia Books, Pohorelice
Printed in Czech Republic

Gedruckt auf umweltfreundlichem,
chlorfrei gebleichtem Papier

ISBN 978-3-451-03000-0

Inhalt

Der «Große Bruder von Neukölln»

Die Rolle eines großen Bruders kann vielfältig sein, sie kann einerseits nervig und andererseits interessant sein. Zuhause bin ich der älteste von acht Geschwistern und eines kann ich Euch sagen, es war nicht immer leicht oder lustig der Älteste zu sein. Aber es hat auch seine Vorteile. Vor allem lernte ich als großer Bruder, Verantwortung für meine kleineren Geschwister zu tragen. Wenn wir aber alle Blödsinn machten, wurde ich als Ältester immer von meinen Eltern dafür verantwortlich gemacht. Sie sagten mir, da ich der Älteste sei, wüsste ich, dass man dieses oder jenes nicht machen darf und ich hätte meinen Brüdern gegenüber ein Vorbild zu sein. Jeder, der als Ältester unter seinen Geschwistern aufgewachsen ist, weiß, wovon ich rede.

Na ja, jedenfalls habe ich den Titel «Großer Bruder von Neukölln» im März 2007 von einer Zeitung erhalten und ich trage ihn seitdem mit sehr viel Stolz. Denn das Vertrauen von anderen Jugendlichen zu gewinnen ist nicht immer leicht. Aber wenn man erst ihr Vertrauen gewonnen hat, ist dadurch eine sichere Basis geschaffen, die für eine erfolgreiche Zusammenarbeit von Bedeutung ist. Die Jugendlichen können sehr kompliziert sein, aber sie können auch sehr zuverlässig oder sehr neugierig sein. Eines haben sie jedenfalls alle gemeinsam: Sie wollen ein Teil der Gesellschaft sein und vor allem wollen sie Anerkennung bekommen.

Dass ich arabisch spreche, erleichtert mir den Zugang zu den arabischen Jugendlichen sehr, sie sehen in mir keinen Beamten, Sozialarbeiter oder Lehrer, sondern sehen mich als einen von ihnen; genauer gesagt als ihren großen Bruder. Deshalb bringen sie mir auch den entsprechenden Respekt entgegen. Die Jugendlichen kommen mit den verschiedensten Problemen zu mir. Der eine hat eine Vorladung vom Gericht oder zu einer Polizeivernehmung bekommen, der andere hat Schwierigkeiten in der Schule oder im Elternhaus. Nachdem ich ein paar Mal im Fernsehen zu sehen war, haben mich Jugendliche sogar auf der Straße angesprochen. Nach einem kurzen Gespräch konnte ich dem einen oder anderen auf die Schnelle einen Ratschlag geben. Zum Beispiel nenne ich ihnen Telefonnummern von Jugendberatungshäusern in ihrer Nähe. Oder ich nehme ihre Nummer und gebe sie an bestimmte Institutionen weiter, die sich dann mit ihnen in Verbindung setzen. Allein, dass ich mir die zwei Minuten Zeit für sie genommen habe und ihnen zuhöre, bedeutet für einige schon sehr viel und ist sehr ungewöhnlich. Ich werde es natürlich nie schaffen, alle Jugendlichen in Berlin zu erreichen, aber ich freue mich und bin auch stolz über jeden einzelnen, dem ich helfen kann. Ich hoffe dann jedes Mal, dass es mehr Jugendliche, insbesondere mit arabischem oder türkischem Hintergrund gibt, die sich mit der Frage «Wie sieht meine Zukunft aus?» auseinandersetzen und merken wie wichtig «Bildung» ist. Dazu fällt mir eine kleine Geschichte ein, die mir eine gute Freundin erzählt hat.

Ein Mann, der am Strand spazieren ging, konnte dabei beobachten wie eine Frau etwas ins Wasser geworfen hat. Er ging auf sie zu und fragte sie: «Was machen Sie da?» – «Ich werfe die herangespülten Seesterne wieder zurück ins Wasser.» – «Aber es sind doch viel zu viele», sagte der Mann. «Der Strand ist lang und es liegen tausende von Seesternen hier! Sie können sie unmöglich alle ins Meer zurückwerfen! Und dasselbe passiert an vielen Stränden auf der ganzen Welt. Es macht keinen Unterschied, ob Sie das tun oder nicht!» Und die Frau nahm einen Seestern in die Hand, schaute ihn an, warf ihn ins Wasser und antwortete: «Für diesen hier macht es einen Unterschied. Und für mich auch!»

Genau so denke ich über die Jugendlichen und meine Arbeit. Ich freue mich über jeden, dem ich helfen kann, auch wenn ich nie alle erreichen werde.

Den Eltern versuche ich deutlich zu machen, wie wichtig es ist, dass ihre Kinder die deutsche Sprache erlernen und beherrschen. Aber gleichzeitig sollen sie auch darauf achten, dass sie ihre Muttersprache nicht vergessen. Ihre Kinder sind mit ihrem Migrationshintergrund ohnehin schon benachteiligt, also sollten sie wenigstens die deutsche Sprache lernen, um in der Schule gut mitzukommen und um später einen Ausbildungsplatz zu bekommen. Allein das ist schon nicht leicht, da die Mehrheit der Eltern selbst keine Ausbildung gemacht hat und auch kein Deutsch spricht.

Bis zum Jahr 2002 kannte ich Neukölln überwiegend nur aus den Medien und hatte kaum etwas in Neukölln zu tun. Aber über eines war ich mir sicher: In diesen Bezirk würde ich nie ziehen. Mittlerweile aber habe ich meine Meinung geändert, denn ich habe den Bezirk von einer ganz anderen Seite als der aus den Medien kennen gelernt: Es ist eine großartige Seite. Wenn ich von Neukölln rede, dann meine ich damit eigentlich Nord-Neukölln, denn der Süden von Neukölln ist genau das Gegenteil. Hier im Norden Neuköllns leben Menschen aus über 160 verschiedenen Nationen und es ist einfach herrlich hier einkaufen oder auch nur spazieren zu gehen. Wenn es in Berlin richtig heiße Temperaturen geben würde, könnte man sich schon fast eine Reise ins Ausland sparen, so vielfältig ist es hier. Es gibt viel über Neukölln zu sagen, aber mit diesem Buch möchte ich keinen Reiseführer schreiben, sondern den einen oder anderen Kiez mit seinen Bewohnern, mein Leben und meine Arbeit vorstellen.

Ach ja, ich bin auch nicht der klassische Streetworker, wie man ihn von der mobilen Jugendarbeit her kennt. Ich bin einer der *Quartiersmanager*, die in mehr als 30 sozialen Brennpunkten in Berlin arbeiten. Was aber ist ein Quartiersmanager und was macht er? Mein Beruf ist schwer zu erklären, am besten stellt man sich darunter eine Mischung aus Sozialarbeiter, Stadtplaner und Streetworker vor. Etwas später werde ich zu meinem Job noch etwas mehr sagen.
Weitere Schwerpunkte meines Buchs werden sein: die verschiedenen Kulturen, die Erfahrungen, die ich bei meiner Arbeit in Neukölln sammeln konnte. Ich möchte auch zeigen, wie ich mit den Jugendlichen umgehe und sie vor Dummheiten bewahren kann. Wenn ich daran denke, dass die meisten Bücher in einer Sprache geschrieben sind, die kaum ein Jugendlicher gerne liest oder versteht, möchte ich versuchen, dieses Buch so zu schreiben, dass es auch von Jugendlichen verstanden werden kann.

Ich selber kenne beide Kulturen, die deutsche und die arabische, und ich versuche eine Brücke zwischen ihnen zu schaffen, um Vorurteile abzubauen. Vorurteile, wie auch ich sie, z.B. gegenüber den Deutschen, hatte. Denn auch ich war nicht immer der anständige Araber von nebenan. Wobei, da fällt mir ein, was ist eigentlich ein Araber?

Ist es wahr, dass wir Jugendlichen mit Migrationshintergrund aggressiver sind als die deutschen Jugendlichen? Stimmt es, dass wir zum Opferfest ein Schaf zuhause in der Badewanne schlachten? Ist es wahr, dass die Deutschen alle Alkoholiker sind und nur an Sex denken? Darf ein Moslem seine Tochter zwingen, ein Kopftuch zu tragen? Befürwortet der Islam die Kämpfe und Angriffe, die im Namen Allahs ausgeführt werden? Wie denken wir Ausländer über andere Ausländer hier, sind wir mit allen Einstellungen einverstanden?

Mit diesem Buch möchte ich meine Leserinnen und Leser auf eine Reise an Orte mitnehmen, die vielen verborgen bleiben. Wie leben wir Migranten hier in Deutschland und wie denken wir über die Deutschen? Ich bin jetzt 28 Jahre jung und schreibe ein Buch. Viele meiner Freunde haben mich gleich gefragt: «Du bist doch noch so jung, was hast du schon über dein Leben zu erzählen?» Aber andere sagten mir: «Schön, endlich schreibt mal einer darüber, was wir hier in Deutschland erleben und wie wir damit umgehen, viel Glück.»

Mein Leben

Wer bin ich?

Geboren bin ich 1979 in Berlin. Ich bin ein Berliner mit Eltern palästinensischer Herkunft und Ehemann einer Berlinerin hessischer Herkunft. Ich kenne, erlebe und genieße vier Kulturen, die deutsche, die arabische, die christliche und die islamische. Dass unsere Ehe trotz der verschiedenen Kulturen und Religionen funktioniert, liegt daran, dass meine Frau und ich zwei der wichtigsten Voraussetzungen (*Bereitschaft* und *Toleranz*) für ein Zusammenleben mit in die Ehe brachten. Jeder von uns war bereit, die Kultur, die Traditionen und die Religion des anderen kennen zu lernen und vor allem auch Toleranz gegenüber dem anderen zu haben. Ich kann keinen Menschen kennen lernen, wenn ich nicht bereit bin seine Herkunft, seine Geschichte und seine Sprache kennen zu lernen.

Am Anfang war das alles für unsere Eltern etwas gewöhnungsbedürftig. Meine Eltern hatten davor kaum Kontakt zu deutschen Familien gehabt und die Eltern meiner Frau hatten kaum etwas mit Familien arabischer Herkunft zu tun gehabt. Aber mit der Zeit lernten sich unsere Eltern kennen und die offenen Fragen haben sich nach und nach geklärt. Es gab natürlich auch viele kleine Probleme oder Fragen, die wir gemeinsam bewältigen mussten. Zum Beispiel, wie feiern wir die Hochzeit? Nach der arabischen oder nach der deutschen Tradition? Mit welcher Religion wachsen unsere Kinder auf, sollen sie beschnitten werden oder nicht? Welche Sprache sollen sie zuerst lernen, welche Namen sollen sie bekommen und wie gehen wir mit den Feiertagen der verschiedenen Religionen um? Aber das hört sich alles schlimmer an als es ist. Wir haben mittlerweile zwei Kinder, der Große ist jetzt fünf Jahre und der Kleine zwei Jahre alt. Anders als es bei mir der Fall war, wachsen unsere Kinder bei uns zuhause mit beiden Kulturen auf.

Ich selbst bin dagegen zuhause nur mit der arabischen Kultur aufgewachsen und erzogen worden. Die deutsche Kultur habe ich dann erst in der Schule kennen gelernt. Meine Eltern haben uns sehr viele Freiheiten gelassen, und unsere Erziehung war nicht besonders streng. Schlagen war grundsätzlich verboten: Weder wurden wir Kinder geschlagen, noch durften wir uns gegenseitig schlagen. Gewalt war bei uns zuhause absolut tabu. Ich bin mit der muslimischen Religion aufgewachsen und habe die Religion auf eine nicht-strenge Art und Weise kennen gelernt. Und das gebe ich auch an unsere Kinder weiter.

Bei unserem Sohn kommen zum Beispiel die ersten Fragen zu den verschiedenen Feiertagen auf. Neulich fuhr ich zur Kita meines fünfjährigen Sohnes, um ihn abzuholen. Es war Feiertag bei den Muslimen und in der Kita hatte mein Sohn den Begriff «Zuckerfest» aufgeschnappt. Er kam in meine Arme gerannt und fragte:

«Papa, machen wir auch Zuckerfest?»

Ich antwortete ihm: «Ja, das machen wir.»

«Und was ist das Zuckerfest?» Ich wusste nicht, was ich antworten sollte, also sagte ich ihm: «Mama feiert Weihnachten und Papa feiert Zuckerfest!»

«Und was feiere ich?»

«Du feierst beides!»

Aber kann ich beides wirklich so auseinander halten, wie ich es ihm zu erklären versucht habe? Ich meine, in der Kita und in der Grundschule feierten wir mit der gesamten Klasse ja auch Weihnachten. Und wenn Zuckerfest war, haben wir dann auch wie zu Weihnachten frei bekommen? Wir Moslems glauben ja schließlich auch an Jesus, nur dass er für uns ein Prophet ist. Ich hatte auch kein Problem damit, eine Christin zu heiraten. Die Hauptsache war für mich nur, dass sie überhaupt einer Religion zugehört.

Ich bin hier in Berlin geboren und aufgewachsen, ich kann Deutsch besser sprechen als Arabisch, und somit wäre ich ja eigentlich ein Berliner. Trotzdem fällt es mir bis heute schwer zu sagen, dass ich ein Berliner oder ein Deutscher bin. Wenn ich es dennoch sage, dann bekomme ich immer als Antwort: «Ja gut, aber wo kommen denn deine Eltern her? Du siehst nicht deutsch aus! Dein Name ist auch nicht deutsch.»

Andersrum stelle ich mir die Frage, ob ich sagen kann: «Ich bin ein Palästinenser». Denn ich habe das Land Palästina, aus dem meine Eltern kommen, noch nie gesehen. So geht es fast allen arabischen Kindern und Jugendlichen, die hier geboren sind. Wir, die hier in Berlin geboren sind, wachsen mit zwei Kulturen auf und haben somit nie die Gelegenheit gehabt, wenigstens eine Kultur mit all ihren Traditionen kennen zu lernen. Wir haben stattdessen gelernt, unsere eigene Kultur zu entwickeln. Diese Kultur ist eine Mischung aus der arabischen und der deutschen Kultur, ich nenne sie einfach mal «*Deurabisch*» (*Deu* für Deutsch und *rabisch* für Arabisch). Also könnten und müssten wir ja eigentlich sagen: «Wir sind *Deuraber!*» Ein Deuraber ist jemand anderes als ein Araber. Nur wird von uns in der Gesellschaft nie so gesprochen beziehungsweise es wird kaum unterschieden zwischen den hier Aufgewachsenen und denen, die als Jugendliche hierher gekommen sind. Und das, obwohl es zwischen beiden viele Unterschiede gibt.

Wenn wir Deuraber untereinander sprechen, sprechen wir kaum einen Satz nur auf Arabisch oder Deutsch. Wir bilden die Sätze mit Wörtern aus beiden Sprachen, also *Deurabisch*. Wir sagen zum Beispiel: «*Yalla*, kommst du mit *al baid*?» - («Los, kommst du mit nach Hause?»). Sogar deutsche Jugendliche, die mit uns im Kiez aufgewachsen sind, sprechen kein vernünftiges Deutsch mehr. Sie verwenden arabische oder türkische Wörter wie z.B. Yalla, Walla, Lan, Muruk Ya, Tschüsch Ya in ihren Sätzen. Ach ja, mal kurz am Rande, wussten Sie eigentlich, was die Wörter «Tschüsch» oder «Lan» bedeuten? Das Wort «Lan» bedeutet soviel wie bei den Deutschen das Wort «Alter» («Hey, Alter, komm' mal her»). Und das Wort «Tschüsch», das fast jeder türkische Schüler nach jedem zweiten Satz sagt, kommt von den Bauern, die «tschüsch» zu ihrem Esel sagen, wenn er stehen bleiben soll. Fragen Sie mal Ihre Schüler, ob sie das wissen.

Wenn wir nun von *Integration* sprechen, meinen wir dann auch diese Jugendlichen, die ja eigentlich Deutsche sind? Also, wer soll eigentlich integriert werden? Und vor allem, in was soll er integriert werden? Ich denke, wenn diese Fragen beantwortet sind, sind wir einen großen Schritt weiter.

Ich bin im «Soldiner Kiez» aufgewachsen, einer der bekanntesten sozialen Brennpunkte von Berlin. Hier war es nicht anders als in den anderen Neuköllner Kiezen. Der Soldiner Kiez liegt im Wedding, abends waren die meisten Straßenlaternen aus und es war sehr ungemütlich, vor allem im Winter, wenn es schon um 16 Uhr dunkel wurde. Die Martinshörner der Polizei und der Feuerwehr waren im Zehnminutentakt zu hören. Aber das störte hier kaum jemanden, denn die Sirenen gehörten schon zum Alltag im Kiez. In diesem Kiez ist es ähnlich wie in anderen Kiezen von Berlin: Hohe Arbeitslosigkeit,

Familien, die von Transfereinkommen leben und ein hoher Leerstand von Gewerberäume prägen die Kieze und sie haben durch die Medien einen schlechten Ruf bekommen. Niemand zieht freiwillig hier her und wer es sich leisten kann, zieht aus dem Kiez raus. Aber wie ist es nun, im Kiez aufzuwachsen, die Schule zu besuchen oder seine Freizeit zu verbringen?

Meine Schulzeit

Ich kann mich noch gut an meine Schulzeit erinnern, vor allem an die vierte Klasse. Schon morgens um 7.30 Uhr stand ich gegenüber der Schule, denn ich hatte eine sehr wichtige Aufgabe und trug große Verantwortung: Ich war Schülerlotse und durfte den kleineren Mitschülern helfen, die Straße zu überqueren. Ich war stolz darauf, ein Schülerlotse zu sein, vor allem deshalb, weil mir meine Eltern morgens aus dem Fenster bei meiner Aufgabe zusehen konnten. Die Schule war nur drei Minuten von meinem Zuhause entfernt. Die Schule, ein großes Gebäude aus roten Backsteinen und einem großen Schulhof mit vielen Spielmöglichkeiten, war eine Grundschule mitten im Kiez. In unserer Klasse waren wir mehr als zwanzig Schüler aus verschiedenen Nationen. Wir hatten arabische, jugoslawische, türkische und sogar deutsche Schüler in der Klasse. Unser Lehrer, ein ungefähr 40-jähriger Mann mit grauen Haaren und einer Brille, war ein guter, sehr lieber und – wenn es sein musste – auch ein strenger Lehrer. Wenn wir mal den Unterricht störten, hörten wir seine tiefe Stimme sagen: «Himmel, Arsch und Zwirn». Dann waren wir wieder ruhig. Ich habe seine Stimme und diese Redewendung nie vergessen.

In dieser Zeit hatte ich sehr gute Noten und die Schule machte mir viel Spaß. Ich besuchte die Leichtathletik-AG, die Geschichts-AG und die Musik-AG. Natürlich war ich auch bei jeder Klassenfahrt dabei. Dass meine Noten gut waren, lag sicher daran, dass ich schon gut Deutsch sprechen konnte. Für meinen Vater, der gut Deutsch spricht, war es ganz wichtig, dass wir die deutsche Sprache beherrschen und gleichzeitig auch die arabische Sprache beibehalten. Er half mir bei den Hausaufgaben und nutzte die Elternabende, um mit dem Klassenlehrer im Kontakt zu bleiben. Meine Eltern erlaubten mir und meinen Geschwistern auf Klassenfahrten mitzufahren und sie unterstützten unsere Interessen für die Nachmittags-AGs an der Schule, was heutzutage leider nur noch von wenigen Eltern gemacht wird.

Ich beobachte heute bei meiner Arbeit in den Schulen, wie wenig die Eltern an den Elternabenden teilnehmen. Meistens sind auch nur die Eltern da, deren Kinder gut in der Schule sind. Die Eltern, deren Kinder schwänzen, keine Hausaufgaben machen oder ständig stören, kommen nicht. Natürlich kommen noch die klassischen Probleme dazu, dass es Eltern gibt, die ihre Kinder nicht in den Biologieunterricht, Religionsunterricht oder in den Schwimmunterricht lassen und ihnen auch nicht erlauben, auf Klassenfahrt mitzugehen. Aber ich habe auch festgestellt, dass es sich hier meist um Missverständnisse zwischen der Schule und den Eltern handelt. Als ich mal in einer Schule war um zu übersetzen und das Thema Sexualkunde zur Sprache kam, dachte ein Vater, dass seine Tochter hier anhand eines Videos lernt, wie man Kinder macht. Ich bat ihn, mal seinen Reisepass rauszuholen und zeigte ihm, dass der Begriff «Sex» auch in seinem Pass steht. Ich erklärte ihm, dass der Begriff «Sex» «Geschlecht» bedeutet und dass es in diesem Fach um die Geschlechter und nicht um einen Porno geht. Die Schüler lernen hier, was ein Fötus ist und wie Kinder zur Welt kommen. Da sagte er mir, das habe er im Libanon auch gelernt und natürlich wolle er, dass seine Tochter diese

Dinge lerne. Also war es einfach nur der Begriff «Sexualkunde», der ihm Sorgen gemacht hatte. Andere Themen konnten wir so auch gleich klären. Kurz gesagt, es waren die sprachlichen Missverständnisse und die Sprachbarriere, die eine Lösung verhinderten.

Was den Schwimmunterricht betrifft, gibt es viele Gründe, warum Eltern mit Migrationshintergrund ihre Kinder nicht daran teilnehmen lassen. Das folgende Beispiel macht die fehlende Kompromissbereitschaft einer Schulleiterin im Wedding deutlich.

Der Vater eines Schülers der vierten Klasse kam mit einem Problem zu mir, welches ich mittlerweile «Die Badehosendebatte» nenne. Kurz gesagt, der Schüler wollte beim Duschen seine Badehose nicht ausziehen, da er sich sehr dafür schämte, sich nackt vor seinen Mitschülern zu zeigen. Daraufhin sagte der Schwimmlehrer zu ihm: «Entweder du ziehst dich zum Duschen nackt aus, oder du darfst nicht am Schwimmunterricht teilnehmen.» Der Schüler fing an zu weinen und der Lehrer ließ ihn in einem anderen Duschraum alleine duschen. Der Vater war über die Situation empört und kam am nächsten Tag in die Schule, um die Angelegenheit mit der Schulleiterin zu klären. Diese war aber nicht dazu bereit, einen Kompromiss zu finden. Sie sagte ihm: «Laut Badeordnung hat ihr Sohn sich ohne Badesachen zu duschen oder er kann nicht teilnehmen. Oder er muss alleine duschen.» Der Vater lehnte das ab, da er nicht wollte, dass sein Sohn allein in einem anderen Raum duschte. Ihm könnte etwas passieren und dann wäre niemand da, der das mitbekommen würde. Hier haben wir also einen Vater, der seinen Sohn am Schwimmunterricht teilnehmen lassen will, sich an der Schule auch sonst sehr engagiert, und das wird von der Schulleiterin wegen einer solchen unnötigen Kleinigkeit kaputt gemacht.

Die Badehosendebatte erstreckte sich über Wochen und für alle Beteiligten war es eine unzumutbare Situation. Es gab noch viele weitere Zwischenfälle mit der Schulleiterin, doch alle Versuche, das Verhältnis zwischen der Schulleiterin und den Eltern zu verbessern, scheiterten. Daran wurde auch sichtbar, dass die Schulleiterin, die aus einem der ehemaligen Ostbezirke von Berlin kam, kaum Erfahrungen mit Familien mit arabischem oder türkischem Hintergrund hatte. Ihr fehlte es einfach an den notwendigen interkulturellen Kompetenzen. Dies sind Situationen, von denen kaum berichtet wird, denn man spricht meistens von der fehlenden Bereitschaft der Eltern sich zu integrieren, aber kaum über die fehlende Kompromissbereitschaft der Schulen.

Ich komme in die Oberschule

Ab der fünften Klasse verschlechterten sich meine schulischen Leistungen und ich kam nach der sechsten Klasse auf die Hauptschule. Es war die Schule gleich gegenüber und ich hatte somit keinen weiten Schulweg. Mir war es egal, auf was für eine Schule ich komme. – Hauptsache meine Freunde waren auch da. Ich denke, dass das auch heute für viele Schüler ein Kriterium ist, wonach sie sich die Schule auswählen. Am wichtigsten ist, dass die Schule in der Nähe ist und der beste Freund oder die beste Freundin auch auf diese Schule geht. Nur selten wird darauf geschaut, dass es auch eine gute Schule ist.

Der Wechsel von der Grundschule in die Oberschule war eines der wichtigsten Ereignisse in meinem Leben. In der Grundschule war ich der Älteste auf dem Schulhof und teilweise auch der Größte. Als ich aber in die Oberschule kam, also in der 7. Klasse, war ich von einem Tag zum anderen der Jüngste und auch der Kleinste. Ich kannte schon vorher viele Schüler auf der Schule, aber ich lernte auch diejenigen Schüler kennen, die die «Macht» an der Schule hatten: Kein Lehrer oder Schüler traute sich, ihnen in die Quere zu kommen. Ich habe mich diesen Jungs angeschlossen, um nicht als Opfer dazustehen. Ich wollte so sein wie die Älteren auf der Schule, also habe ich zum Beispiel mit dem Rauchen angefangen – wie die Großen, es war ja cool.

In der siebten Klasse bin ich dann in eine rein nichtdeutsche Klasse geraten: Ein Schüler kam aus Thailand, ich war Palästinenser und der Rest der Klasse waren Türken. Es war schlimm, der größte Teil der Klasse sprach nicht einmal Deutsch; es war eine reine Integrationsklasse. Es dauerte zwei Wochen bis ich es geschafft hatte, die Klasse zu wechseln. Das ging aber auch nur, weil ich die deutsche Staatsangehörigkeit besaß. Aber selbst in der Regelklasse war es nicht viel besser. Die Schüler konnten zwar Deutsch sprechen, aber viele von ihnen hatten einfach keine Lust auf Schule. Kurz gesagt, ich bemerkte, es war die falsche Schule für mich. Die Schule hatte den schlimmsten Ruf im ganzen Bezirk. Und ich sah und hörte plötzlich Sachen, die mir bislang völlig fremd gewesen waren. Woran hat das gelegen? War ich noch nicht bereit für die Oberschule? Hätten meine Eltern mich besser aufklären sollen? Oder hätte mich die Grundschule besser vorbereiten sollen?

«Mama, welcher Religion gehöre ich an?»

Nach der ersten Woche an der neuen Schule kam ich gleich zu meiner Mutter und fragte: «Mama, welcher Religion gehöre ich an?»

Meine Mutter war sehr überrascht über meine Frage und antwortete mir: «Moslem, du bist ein Moslem mein Sohn!»

«Aber was für ein Moslem bin ich denn, ich habe in der Schule gehört, dass es bei den Türken und Arabern auch andere Moslems gibt. Manche sagen, sie seien Aleviten (eine islamische Religionsgemeinschaft) und andere sagen, sie seien Sunniten (die Sunniten bilden die größte Glaubensrichtung im Islam).»

«Du bist Sunnit. Wir sind Sunniten, mein Sohn.»

Ich ließ mir den Unterschied erklären, aber ich hatte immer noch nicht verstanden, warum sich die Mitschüler in der Schule geprügelt haben. Ich meine, sie sind doch alle Moslems, oder etwa nicht? Anscheinend ist es doch nicht so einfach. Ich denke, der größte Teil der Schüler wusste eigentlich auch nicht so recht, warum es diese Meinungsverschiedenheiten gab und sie nur nach dem handelten, was sie aus ihrem Elternhaus kannten. Anschließend fragten mich die arabischen Schüler, aus welchem Land ich komme, und ich antwortete: «Ich bin Palästinenser.»

«Was für ein Palästinenser bist du, Falah oder Madani?»

«Keine Ahnung, ich bin Palästinenser!» – «Mama, was für ein Palästinenser bin ich, in der Schule haben sie mich gefragt, ob ich Falah oder Madani bin? Was ist das eigentlich?»

«Du bist ein Madani. Ein Madani ist jemand, der aus der Stadt kommt, und ein Falah ist jemand, der aus dem Dorf kommt», sagte meine Mama zu mir. So habe ich über mich erfahren, dass ich ein Sunnit bin und ein Madani.

Dann lernte ich noch die Schüler kurdischer Herkunft kennen und somit auch die brutalen Kämpfe zwischen den türkischen und den kurdischen Schülern. Es gab Auseinandersetzungen wegen der Religion, der Nationalität und der Parteien, wie auch die Kämpfe zwischen der PKK (die Arbeiterpartei Kurdistans – Partiya Karkerên Kurdistan) und der Bozgurt (Bezeichnung für Mitglieder der rechtsextremen türkischen Partei der Nationalistischen Bewegung, die «Grauen Wölfe»). Ich verstand die Welt nicht mehr, mir war das alles so fremd und es ging mir viel zu schnell. So viel Neues und Anderes. Aber ich wusste auch nicht, mit wem ich darüber reden sollte. Die Auseinandersetzungen zwischen den Mitschülern waren so schlimm, dass sogar Waffen eingesetzt wurden. Das führte dazu, dass uns die Polizei morgens vor der Schule mit zwei bis drei Mannschaftswagen und einer Durchsuchung nach Waffen begrüßte.

Die Situation hat sich zum Teil bis heute nicht geändert, die Schüler prügeln sich nach wie vor aufgrund der verschiedenen Religionsgemeinschaften oder der Zugehörigkeit zu einer Partei. Ich kenne Schüler, die heute, aufgrund des aktuellen Konflikts zwischen dem türkischen und dem kurdischen Volk, nicht mehr miteinander reden oder aufeinander losgehen. Und das, obwohl sie seit vier Jahren zusammen die gleiche Klasse besuchen. Hier ist natürlich die Aufklärung der Eltern und der Lehrer gefragt. Die Schüler haben viel zu viele unbeantwortete Fragen. Ich habe einer solchen Klasse auch mal gesagt, dass es Aufgabe der gesamten Klasse ist, dazwischen zu gehen und den Schülern zu helfen, sich zu vertragen. Wenn sie das nicht tun würden, wären sie an all dem genauso schuld. Ich denke, man sollte schon in der sechsten Klasse, spätestens Anfang der Siebten, beginnen, den Schülern die Zusammenhänge zu erklären – sonst ist es zu spät.

Mit dem Übergang in die achte Klasse habe ich auch die Lust auf Schule immer mehr verloren. Ich begann damit, mich der Situation anzupassen. Was sollte ich sonst tun? So richtig im Unterricht mitzumachen war in der Klasse nicht mehr möglich. Ich hatte kaum noch Mitschüler, die wirklich Interesse am Unterricht hatten. Wir sind mitten im Unterricht raus, um Billard spielen zu gehen. Der Lehrer konnte nichts dagegen machen. Obwohl er versuchte, uns aufzuhalten, haben wir keine Reaktion gezeigt. Wir sind einfach gegangen.

Dort wo jetzt das Gesundbrunnen Center im Wedding steht, befand sich damals das Musikcafé «White-Wedding». Hier trafen sich viele Schulschwänzer. Der eine oder andere nutzte die Zeit, um sich mit seiner Freundin zu treffen, da es sich meist um heimliche Beziehungen handelte und die Eltern nichts mitbekommen durften. Oder einfach nur, um die Zeit totzuschlagen bis wir Schulschluss hatten, um dann nachhause gehen zu können, da unsere Eltern nichts vom Schwänzen wussten. Wir hatten aber auch nicht viel zu befürchten, da ich die meisten Lehrer-Briefe an meine Eltern entweder abgefangen habe oder erst gar nicht weitergegeben habe. Und wenn ein Elternteil zum Gespräch in die Schule kommen sollte, habe ich meine Mutter mitgenommen, da mein Vater auf Arbeit war. So konnte ich übersetzen, natürlich nur das, was ich übersetzen wollte.

Wenn der Lehrer zum Beispiel meine Schulversäumnisse erwähnte, übersetzte ich: «Der Lehrer sagt, dass die eine Lehrerin immer noch krank ist.»

Darauf machte meine Mutter ein bedrücktes Gesicht und schüttelte den Kopf. Letztendlich hat meine Mutter wieder nichts erfahren und konnte meinem Vater auch nichts weitererzählen. Wenn dann am Ende des Schuljahres die Zeugnisse kamen, regte sich mein Vater darüber auf. Es wurde ein Gespräch mit mir geführt, sprich, es gab Ärger und ich versprach, dass ich in Zukunft regelmäßig zur Schule gehen werde – somit war alles für den Moment geklärt.

Bis heute hat sich in den Schulen nicht viel geändert, es gibt keine arabischen Lehrer oder Sozialarbeiter an den Schulen, die in den Elterngesprächen übersetzen könnten. Die Schüler wissen das und nutzen die Situation regelrecht aus. Es dauert meist Wochen, bis Lehrer die Eltern darüber unterrichten, dass ihre Kinder schwänzen. Hier sollten Schulen und Eltern enger zusammenarbeiten und schon bei der ersten Fehlstunde aktiv werden. Vielleicht wäre es auch effektiver gewesen, wenn es zu meiner Schulzeit einen arabischsprechenden Lehrer oder Sozialarbeiter gegeben hätte, der nicht nur meine Muttersprache, sondern auch meinen kulturellen Hintergrund kennt. Es ist leichter, jemandem zu vertrauen und zuzuhören, der einen versteht.

Rumhängen mit der Clique

Vor fünfzehn Jahren hatten wir noch nicht allzu viele Möglichkeiten, unsere Freizeit in Einrichtungen zu gestalten. Heute wiederum hat sich das zum Positiven verändert. Es gibt zahlreiche Vereine und Einrichtungen, vor allem gibt es jetzt auch viele migrantische Vereine. Wir hatten einen kleinen Abenteuer-Spielplatz um die Ecke und den Olymp, einen kleinen Park direkt an der Panke. Wir waren eine kleine Clique, die aus deutschen und nichtdeutschen Mädchen und Jungs bestand. Wir trafen uns jeden Tag und haben viel Unsinn gemacht. Ich kann mich auch gut daran erinnern, dass ich des Öfteren Platzverbote von der Polizei bekam, weil sich Nachbarn über unser Verhalten beschwerten. Wir verbrachten die kalten Monate im Hausflur beziehungsweise in einem leerstehenden Raum im Keller, den wir aus alten Möbeln eingerichtet hatten. Das hat uns aber immer wieder Ärger mit den Nachbarn eingebracht und wir wurden aus unseren Räumen rausgeschmissen, weil wir im Keller heimlich geraucht und Musik gehört haben – manchmal etwas zu laut. Im Großen und Ganzen war es halb so schlimm, aber wir hatten nun mal nicht besonders viele andere Möglichkeiten. Um ins Kino gehen zu können, hatten wir nicht genug Geld und die Eisbahn war auch zu teuer. Es gab auch keine tollen Bolzplätze in unserer Nähe, nur einen Sportplatz, der von Vereinen genutzt wurde. Dort habe ich mich damals angemeldet und ich kann mich noch recht gut an meinen ersten Trainingstag beim Fußball erinnern. Die Mannschaft hieß Meteor 06 und es war eine rein türkische Mannschaft, ja sogar der Trainer war türkisch. Da ich aber kein Türkisch sprechen oder verstehen konnte, bin ich losgerannt, wenn alle rannten und gesprungen, wenn alle sprangen. Es war aber lustig und ich freute mich auf mein erstes Spiel. Der Anfang war aber auch gleich das Ende mit dem Fußball. Als ich endlich auf das Spielfeld durfte, bekam ich nach zwei Minuten den Ball ins Gesicht und hatte keine Lust mehr auf Fußball.

Der Beginn meiner kriminellen Karriere

Mutprobe als Eintrittskarte

Nachdem es mit dem Fußball nicht so richtig geklappt hatte und unsere Clique sich mit der Zeit auflöste, lernte ich durch einen Bekannten aus Wedding den Jugendclub «Zille» in Berlin-Charlottenburg kennen. Dort gab es jeden Freitag eine Kinderdisco. Ich traf hier mehrere Jugendliche arabischer Herkunft und es war schön, auf Gleichgesinnte zu stoßen. Vor allem hatten diese Jungs einen Namen in Berlin; jeder kannte und respektierte sie. Sie nannten sich «Araber Boys 21» (die 21 stand für den Bezirk Tiergarten-Moabit). Es waren nicht nur hier geborene Palästinenser oder Libanesen dabei, also Deuraber, sondern auch echte Palästinenser aus Palästina oder Libanesen aus dem Libanon. Ich wollte auch dazu gehören. Ich meine, bei mir im Kiez und in der Schule war die Mehrheit der Schüler aus der Türkei und nur wenige Schüler waren arabischer Herkunft. Ich wurde auch mehrmals von anderen Jugendlichen im Kiez «abgezogen», das ist ein Slangausdruck bei Jugendlichen für Raub, und manchmal auch verprügelt. In der Schule lief es auch nicht besonders gut. Ich war voller Schmerz, Hass und Wut und vor allem fehlte mir die Anerkennung. Und ich war sehr orientierungslos. War ja auch klar, von wem sollte ich denn noch Anerkennung bekommen? In der Schule? Hier wurden meine Noten immer schlimmer, meine Fehltage immer zahlreicher und meine Tadel immer häufiger. Und zuhause? Da brachte ich auch nicht gerade Gutes mit; und wenn ich was mitbrachte, dann war es die Polizei.

Bei den «Araber Boys 21» aber war es ganz anders. Ich war einer von ihnen, ich hatte endlich Leute gefunden, die auch für mich da waren. Wenn ich Probleme hatte, kamen sie, um mir zu helfen. Ich hatte jemanden gefunden, der mich akzeptierte wie ich war, jemanden, der genauso dachte wie ich, mit dem ich angeben konnte, der Araber war – kurz, ich hatte meine Vorbilder gefunden. Ich wollte unbedingt einer von ihnen werden, ich wollte dazugehören.

Und einer von ihnen zu werden, war nicht schwer. Ich musste nur eine Mutprobe bestehen und dann wäre ich dabei. Die Mutprobe war, zwei Minuten lang mit drei weiteren Mitgliedern einen Kampf im Todeskreis zu überstehen. Also machten wir uns auf den Weg in einen abgelegenen Park, wo es wenig Publikum gab. Auf dem Weg dahin hatte ich ein komisches Gefühl im Magen und ich hatte, ehrlich gesagt, große Angst; aber ich ließ mir das vor den anderen nicht anmerken, denn ich wollte ja unbedingt einer von ihnen sein. Die Gruppe bildete einen großen Kreis, genannt der «Todeskreis», und ich stellte mich gemeinsam mit drei weiteren Jugendlichen aus der Gang in die Mitte. Der Rest der Gruppe achtete darauf, dass keiner wegrennen konnte. Der Anführer hielt eine Uhr in seiner Hand und gab den Anpfiff. Es waren keine Waffen erlaubt. Ich habe zu Gott gebetet und gehofft, dass es schnell vorbei ist und ich es schaffen kann. «Yalla», schrie der Anführer und der Erste kam auf mich zu, dann der Zweite und schließlich der Dritte. Ja, es war sehr schmerzhaft, und ich bezweifle noch heute, dass es wirklich nur zwei Minuten waren, die ich mich im Todeskreis behaupten musste.

Doch nun hatte ich die Mutprobe bestanden, auch wenn ich heute weiß, dass diese Mutprobe nicht wirklich was mit Mut zu tun hatte: Ich habe mich eigentlich nur zwei Minuten lang verprügeln lassen – mehr nicht. Heute ist mir klar, dass man eine Mutprobe nicht gewinnen kann. Es ist unmöglich, gegen drei zu gewinnen und wenn ich es doch geschafft hätte, die drei zu besiegen, hätten sich die anderen um uns herum mit eingemischt. Dieser Kreis heißt ja auch nicht umsonst Todeskreis. Ich kenne mittlerweile viele Jugendliche, die nach einer solchen Mutprobe mit sehr schweren Verletzungen ins Krankenhaus gekommen sind, beziehungsweise weiß, dass einige von ihnen noch heute unter den Folgen ihrer Verletzungen leiden.

Übrigens: Falls Ihr glaubt, dass es nach der ersten Mutprobe vorbei ist, habt Ihr euch geirrt. Es geht immer weiter. Jeden Tag gab es in irgendeiner Weise eine Mutprobe. Entweder ging es darum, jemanden auszurauben, zu verprügeln oder andere Dummheiten zu machen. Ihr könnt dann auch nicht mehr «Nein» sagen; entweder Ihr macht das, was sie wollen, oder sie verprügeln Euch. Es ist ein Teufelskreis.

Jedenfalls hatte ich es damals endlich geschafft. Ich war einer von den «Araber Boys 21». Nun besorgte ich mir eine Jacke und ließ die Aufschrift «The Araber Boys 21» draufbügeln. Von diesem Moment an lernte ich ein Messer zu tragen, mich zu prügeln, abzuziehen und nichts anderes als Dummheiten zu machen. Am Anfang machte es noch Spaß; später dann aber nicht mehr.

Ein gewöhnlicher Tag in der Gang

Wie jeden Freitag trafen wir uns im Jugendclub «Zille», denn es war Discotag und jeder von uns machte sich schick und hoffte, ein Mädchen kennen zu lernen. Hier hatte ich auch meinen ersten Tanz mit einem Mädchen – und ich weiß noch genau, wie schüchtern ich damals Mädchen gegenüber war. Etwa gegen 21.00 Uhr machten wir uns auf den Weg zum U-Bahnhof Richard-Wagner-Platz; wir waren ungefähr zwanzig oder fünfundzwanzig Jugendliche im Alter von vierzehn bis achtzehn Jahren. Während wir auf dem Bahnhof auf die U-Bahn in Richtung Zoologischer Garten warteten, haben wir auf dem Bahnhof für Unruhe gesorgt. Wir sind abwechselnd auf die Bahngleise rauf und runter gesprungen und haben die Bänke auf dem Bahnhof beschmiert. Das Schöne war ja, dass auf dem Bahnsteig, auf dem wir warteten, niemand war und so konnte uns niemand stören. «Vorsicht, der Zug kommt», rief einer von uns und wir sprangen schnell von den Gleisen hoch auf den Bahnsteig. Der Zug fuhr ein und wir stiegen alle in denselben Wagen ein. Hier gab es zwei lange Sitzreihen einander gegenüber und wir verteilten uns. Einige blieben stehen und andere setzten sich hin. Uns gegenüber saß ein etwa 16-jähriger Deutscher mit seiner Freundin, sie hielten Händchen. Wir machten seine Freundin an und fragten sie: «Was willst du denn mit so einem, schau dir doch mal an was für eine Flasche du als Freund hast!» Der Freund verteidigte seine Freundin und bat uns, aufzuhören. Einer von uns haute ihm für seine blöde Reaktion gleich eine Backpfeife ins Gesicht, ein anderer trat auf ihn ein. Seine Freundin schrie um Hilfe, aber niemand im Wagen hat ihnen geholfen. Ich hatte ein schlechtes Gewissen, aber ich traute mich auch nicht, was zu sagen oder zu unternehmen. Wir sind am Bahnhof Zoo ausgestiegen, als wäre nichts gewesen und wechselten die U-Bahnlinie. Ich fuhr wieder nachhause in den Wedding. Und bevor ich die Wohnung betrat, zog ich meine Jacke aus und drehte sie um, damit mein Vater die Aufschrift nicht sehen konnte.

Ich machte mir oft Gedanken über die Aktionen, die wir brachten, und ich wollte am liebsten wieder aussteigen. Das war aber leider nicht mehr möglich, denn, und das hatte mir vor meiner Mutprobe niemand gesagt: Einmal drin, gibt es kein Zurück mehr. Eine Gang ist ja schließlich kein Sportverein, dem man beitritt und dann einfach wieder verlässt beziehungsweise wechseln kann. Ich war nicht einverstanden mit dem, was wir gemacht haben, ich hatte mir die Mitgliedschaft in der Gang ganz anders vorgestellt. Ich dachte, die Gang würde sich immer treffen, im Jugendzentrum abhängen und nur dann kämpfen, wenn jemand aus der Gruppe angegriffen würde. Ich hatte nicht damit gerechnet, dass wir damit anfangen würden.

Am nächsten Tag stand eine Schlägerei mit Jugendlichen türkischer Herkunft aus Kreuzberg bevor. Ich war sehr durcheinander, da ich noch bei keiner großen Schlägerei mitgemacht hatte. Ich hatte große Angst. Wir trafen uns vor dem Jugendclub Zille und gingen in den dahinter liegenden Park, in dem wir den Kampf veranstalten wollten. Wir waren circa 25 Jugendliche und die Kreuzberger waren ebenfalls mit ungefähr 25 Jungs angereist. Wir waren alle mit Messern und Schlagstöcken bewaffnet. Es gab eigentlich keinen wirklichen Grund zu kämpfen, es war nur ein Machtkampf unter den Gruppen. Der Kampf ging los und endete für einige von uns im Krankenhaus. Ich selber kam mit einigen Schrammen davon. Zuhause habe ich erzählt, dass ich von Unbekannten verprügelt worden sei.

Auch den Rest der Zeit verbrachten wir so: Wir zogen fast jeden Tag andere Jugendliche ab, klärten vorangegangene Auseinandersetzungen und begannen neue. Es ging immer so weiter, wenn wir uns nicht mit den Jugendlichen aus Kreuzberg prügelten, waren es andere; oder wir nahmen uns einfach Jugendliche in der U-Bahn oder auf der Straße vor. Einige Male wurden wir von der Polizei erwischt oder wir wurden auf Bildern wiedererkannt.

Ich mache, was ich will

In dieser Zeit habe ich mir auch von niemandem mehr was sagen lassen. In der Schule verprügelte ich Schüler oder sogar Lehrer. Es brauchte gar keinen besonderen Grund dafür. Es reichte, dass der Lehrer zum Beispiel sagte, ich werde deine Eltern anrufen, und schon habe ich überreagiert. So als hätte der Lehrer etwas gegen meine Familie gesagt. Schließlich war der Punkt da, an dem ich nicht einmal mehr vor meinem Vater Respekt hatte. Ich respektierte einfach niemanden mehr. Ich sagte zu meinem Vater: «Wenn du mich anfasst, werde ich dich anzeigen und zum Jugendamt gehen, dann kannst du was erleben.» Ich bereue diesen Satz noch heute. Denn das Ergebnis war, dass ich, als ich mal einem Mädchen ins Kinderheim folgen wollte, zum Jugendamt ging. Dort habe ich dann erzählt, dass ich von meinem Vater verprügelt werde und dass ich es zuhause nicht mehr aushalten würde. Schließlich kam ich auch in ein Heim. Ich hatte also mein Ziel erreicht. Das Jugendamt hat es mir ja auch leicht gemacht, mich zu entscheiden. Sie sagten mir, hier hast du ein eigenes Zimmer, du bekommst Taschengeld und Bekleidungsgeld. Du wirst an Reisen teilnehmen und kannst deine Freunde einladen, die dich jederzeit besuchen können. Das waren natürlich alles Angebote, die ich zuhause kaum bekommen konnte, denn wir hatten nur eine Zwei-Zimmer-Wohnung und ich teilte mir ein Zimmer mit drei Geschwistern. Und für Reisen gab es bei uns kein Geld. So kam ich ins Heim und konnte machen, was ich wollte. Denn die Erzieher im Heim hatten keinen Einfluss auf mich und die anderen.

Das Leben machte einfach Spaß, ich wurde von den Jugendlichen anerkannt, kannte viele Mädchen, die was von mir wollten und ich kam jederzeit zu Geld. Außerdem hatte ich keine Angst mehr vor irgendwelchen Jugendlichen aus meinem

Kiez. Einer unserer größten Feinde war damals die Polizei, und wir hatten viele Gelegenheiten, uns mit ihr auseinanderzusetzen. Es gab oft Situationen, an denen wir schuld waren, aber auch einige, die die Polizei angefangen hat. Das war auch nur möglich, weil die Polizei hier in Deutschland keine Autorität hat und wir uns unserer Rechte sehr bewusst waren. Wenn wir von der Polizei angehalten wurden, waren wir extrem frech und erfragten gleich die Dienstnummer des Beamten, um ihn wegen Ausländerfeindlichkeit, Beleidigung oder Körperverletzung anzuzeigen. Auch wenn es nichts brachte, Anzeige gegen die Polizisten zu erstatten, denn die wurde sowieso wieder eingestellt.

Widerstand gegen Vollstreckungsbeamte

So auch 1995 im Wedding. Wir standen vor dem «White-Wedding» am Gesundbrunnen, als wir bemerkten, dass der Eingang zur U-Bahn abgesperrt war. Hier liefen gerade die Dreharbeiten für einen Film und in einer Szene sollte das Café in die Luft fliegen. Wir blieben also stehen, weil wir uns das nicht entgehen lassen wollten. Die Filmarbeiten konnten jedoch nicht weitergehen, da sich ein Obdachloser auf den Treppen des Bahnhofseingangs befand und nicht weggehen wollte. Also haben sie die Polizei gerufen, um den Mann wegzubekommen. Die Polizisten waren allerdings nicht gerade freundlich zu ihm. Deswegen sagte ich zu den Polizisten: «Gehen Sie mal etwas netter mit dem Mann um, auch wenn er ein Obdachloser ist.» Der Polizist forderte mich auf, weiterzugehen, da ich ihn bei seiner Arbeit behindern würde. Aber ich wollte nicht gehen, solange sie mit dem Mann nicht vernünftig redeten. Also drehten sie sich um und haben sich mit mir beschäftigt:

«Sie gehen jetzt sofort weiter, oder wir nehmen sie auch mit.»

Ich drehte mich um, ging langsam weiter. Die Polizisten kamen mir hinterher und einer von ihnen hat mich immer wieder am Rücken geschoben. Ich sagte ihm:

«Ist okay, ich laufe weiter, aber fassen Sie mich nicht an.»

Doch er machte trotzdem immer weiter, bis ich mich umdrehte und seine Hände von meinem Rücken nahm. Ich musste mich daraufhin zum Wagen begeben und den «Adler» machen (beide Hände an die Wand, um dann durchsucht zu werden). Sie legten mir Handschellen an und packten mich in den Funkwagen. Mittlerweile hatten sich draußen vor dem Wagen viele Menschen versammelt. Im Grunde protestierten sie für mich, da ich nichts getan hatte und die Polizisten mich provoziert hatten. Da die Handschellen so fest zugemacht worden waren, dass es schon schmerzte, und meine Hände hinterm Rücken waren, habe ich gegen die Tür getreten und den Polizisten gebeten, die Handschellen etwas zu lockern. Er machte die Tür zu, beschimpfte mich, schlug mir gegen die Stirn und sagte: «Hör auf zu randalieren, du Arschloch!» Ich wehrte mich und trat zurück. Die Leute draußen waren außer sich und die Polizisten wurden immer mehr, so dass ich am Ende wieder in den Wagen geschmissen wurde und starke Verletzungen an Hals und Kopf hatte. Jedenfalls habe ich trotz mehrerer Zeugen die Gerichtsverhandlung verloren. Von dem Tag an habe ich die Polizei auf den Tod gehasst. Ab jetzt war klar für mich, bei der Polizei halten sie zusammen; eine Krähe hackt der anderen nicht die Augen aus.

Die Strafanzeigen gegen mich haben sich mit der Zeit gehäuft, aber da ich zum Zeitpunkt der meisten Straftaten noch keine vierzehn Jahre alt war, passierte mir nicht viel. Im Gegenteil, die Polizei sagte mir: «Na warte mal bis du vierzehn bist, dann kommst du hinter Gitter», und brachte mich anschließend nach Hause zu meinen Eltern.

Diesen Spruch hören noch heute viele Kinder und Jugendliche von Polizeibeamten, aber das kann es ja wohl nicht sein. Warum soll man warten, bis ein zwölfjähriger Krimineller vierzehn Jahre alt ist, um ihn für seine Taten bestrafen zu können? Vielleicht hätte es ja bei mir geholfen, wenn ich für meine Taten schon mit zwölf oder dreizehn zur Rechenschaft gezogen worden wäre. Ich weiß zwar auch, dass es in diesem Alter ja eigentlich noch Kinder und keine Jugendlichen sind; aber ich denke auch, dass ein Zwölfjähriger, der wie ich damals mit einem großen Messer auf andere Kinder und Jugendliche losgehen und sie ausrauben kann, ja wohl doch etwas «reifer» ist als ein gewöhnlicher Grundschüler. Ein Kind spielt zuhause mit Legosteinen oder spielt Fußball auf dem Bolzplatz in der Nähe seines Zuhauses, aber Kinder gehen nicht abziehen. Die meisten dieser Kinder und Jugendlichen sind am Anfang ihrer kriminellen Karriere selbst nur Opfer. Der größte Teil von ihnen hat nur noch von niemandem gezeigt bekommen, dass es auch Perspektiven jenseits der Kriminalität gibt. Es muss nicht immer der Drogenverkauf sein, um an Geld zu kommen. Und es gibt kaum einen, der gedealt hat und jetzt nicht hinter Gittern sitzt oder gesessen hat. Ein Leben als Krimineller ist außerdem ein anstrengendes Leben: Man lebt ständig in Angst und hat es überwiegend mit skrupellosen Leuten zu tun. Wenn man nicht vor der Polizei auf der Flucht ist, sind es die anderen Dealer und Kriminellen, die einen verfolgen.

Zwischenstopp Gerichtssaal

Es blieb natürlich nicht für immer dabei, dass mich die Polizei nach Hause brachte und dann war es gut. Schließlich bin auch ich nicht immer dreizehn Jahre alt geblieben. Also kam schließlich der erste Gerichtstermin, und ich wusste nicht, was mich erwarten würde. Ich war wegen Beleidigung, Nötigung und Körperverletzung angeklagt und meine Jugendgerichtshilfe war zum Gerichtstermin mitgekommen. Es ist schon eine gute Sache mit der Jugendgerichtshilfe, die helfen einem nämlich dabei, wieder rauszukommen. Dazu habe ich ihnen vorher erzählt, wie schlimm es bei mir in der Familie ist und natürlich auch in der Schule. Ich habe mich gut als Opfer verkaufen können und vor allem betont, wie leid mir die ganze Angelegenheit tut. Natürlich habe ich mich auch beim Opfer entschuldigt. Also stand ich wie ein kleines Unschuldslamm vor dem Richter. Der hatte Mitleid mit mir und sagte: «Denk an deine Zukunft, Junge, was soll denn aus dir werden?»

Ich antwortete: «Sie haben Recht, das bringt mir nicht viel, ich werde mir Mühe geben!»

«Na gut, heute kommst du noch mal mit einer Ermahnung davon, aber beim nächsten Mal wird es ganz anders für dich werden. Hast du das verstanden?»

«Ja, ja ich habe verstanden, Herr Richter!»

Ich stand auf und verließ mit einem traurigen Gesicht den Saal. Draußen vor der Tür habe ich mich dann gefreut, da ich ja die Gerichtsverhandlung gewonnen hatte. Oder etwa nicht? Wenn ich heute darüber nachdenke, tut mir das Opfer am meisten leid. Erst wurde es von mir verprügelt, genötigt und beleidigt, und dann habe ich auch noch die Verhandlung gewonnen. Das erinnert mich heute an einen Freund, der nicht gerade gut auf Sozialarbeiter zu sprechen ist, er hält nicht besonders viel von ihnen. Er sagte mir mal:

«Komm, ich erzähl dir mal einen Witz über Sozialarbeiter. Ein Sozialarbeiter läuft über die Straße und sieht einen verletzten Mann auf dem Boden liegen. Der Mann blutet, kann nicht mehr aufstehen und ruft nach Hilfe. Der Sozialarbeiter geht natürlich hin und fragt den Verletzten: ‹Mann, was ist denn passiert, wer war das?› Der verletzte Mann zeigt auf einen Mann, der auf der anderen Straßenseite steht: ‹Er war das!› Der Sozialarbeiter: ‹Das geht nicht, dem Mann muss man helfen!› – Steht auf und lässt den verletzten Mann liegen.»

Ich denke, mein Richter damals hat wie der Sozialarbeiter gehandelt. Er ließ den Jungen, der gegen mich Anzeige erstattet hatte, liegen und versuchte stattdessen, mir zu helfen.

Ich machte also mit meinen Dummheiten weiter wie gehabt. Ich hatte ja nichts zu befürchten. Ich stand für meine Taten noch mehrere Male vor Gericht und das Höchste, was ich bekommen habe, war eine Woche gemeinnützige Arbeit. Sonst wurde ich immer nur ermahnt. Ich lachte nur darüber und draußen vor dem Gericht schnappte ich mir die Zeugen und drohte ihnen sie zu verprügeln, wenn sie noch mal Anzeige erstatten.

Das hat sich bis heute bei den Jugendlichen nicht geändert. Wenn sie nach einer Gerichtsverhandlung mit einer Ermahnung oder einer Bewährung rauskommen, dann sehen sie es als ihren Sieg beziehungsweise als einen zweiten Freispruch an. Und nur in den seltensten Fällen als eine zweite Chance.

Ich habe mal einen Jugendlichen ins Gericht begleitet, der wegen Körperverletzung angeklagt war. Das war sehr interessant:

Richter: «*Herr Murat, Sie wissen warum Sie heute hier sitzen?*»

Herr Murat: «*Nein, weiß ich nicht!*»

Richter: «*Herr Murat, es geht um die Schlägerei vor einer Schule in Neukölln.*»

Herr Murat: «*Welche von den Schlägereien meinen Sie?*»

Es war dem Jugendlichen nicht übel zu nehmen, dass er nicht mehr wusste, um welche Schlägerei es sich handelte. Zwischen der Schlägerei vor der Schule und der Gerichtsverhandlung waren vierzehn Monate vergangen. In dieser Zeit gab es mehrere Schlägereien vor seiner Schule und bei einem Jugendlichen im Alter zwischen zwölf und vierzehn Jahren sind vierzehn Monate eine lange Zeit, in der er Vieles erlebt.

Mir ging es damals nicht anders. Ich wusste auch nicht immer, um welche Taten es sich vor Gericht handelte. Es waren einfach zu viele. Etwa nach der achten Gerichtsverhandlung bekam ich vom Gericht einen Arrest für ein Wochenende. Ich erhielt ein Schreiben der Arrestanstalt mit dem Termin des Haftantritts. Ich konnte es vor meinem Vater verstecken, nur meine Mutter wusste davon. An einem Freitag packte ich dann meinen Rucksack und machte mich auf den Weg zur Anstalt. Ich war sehr aufgeregt, denn ich hatte von meinen Freunden gehört: «Im Knast ist es echt cool, du kannst alles machen was du willst, du kannst da sogar arbeiten und zur Schule gehen. Vor allem triffst du dort andere, die du schon lange nicht mehr gesehen hast. Ach ja, grüß bitte alle von uns.» So haben sie mir es erzählt und aus dem Fernsehen habe ich auch nichts anderes gesehen. Also, «let's go!», warum nicht, dachte ich mir. Da stand ich also vor der Arrestanstalt «Kieferngrund» und suchte den Eingang.

Arrestanstalt «Kieferngrund»

Die Anstalt liegt im Süden Berlins und wenn man dran vorbeifährt, fällt sie nicht einmal auf, da sie so abgelegen liegt.

«Guten Tag», sagte ich und ein Justizmitarbeiter nahm das Schreiben aus meiner Hand und sagte: «Guten Tag. Bitte folgen.»

Ich folgte ihm und merkte, wie mir immer mulmiger zumute wurde, denn mit jedem Geräusch der Tore, die hinter uns zugingen, rutschte mein Herz ein Stück tiefer. Wir kamen in einen Raum, der aussah wie ein großes Lager. Dort musste ich alle meine Sachen abgeben. Selbst meinen Walkman, den ich mitgenommen hatte, um das Wochenende zu überstehen, musste ich abgeben. Er drückte mir eine Decke und Bettwäsche in die Hand und sagte wieder: «Bitte folgen!»

Ich lief im Schritt hinterher. Auf dem Weg zur Zelle hörte ich, wie die anderen Gefangenen von einem Fenster zum anderen schrieen. Die Fenster waren alle vergittert, ich meine, ist ja klar, dass da Gitter vor den Fenstern sind, aber es ist noch mal was ganz anderes, wenn man selbst davor steht. Der Schließer steckte seinen Schlüssel in das Schloss meiner Zelle und öffnete sie: «Die nächsten 23 Stunden hast du Zeit, darüber nachzudenken, warum du hier bist und morgen kannst du dann für eine Stunde raus!» Dann ging die Zellentür zu.

In dem Moment wurde mir erst klar, wo ich gelandet bin und wie tief ich in der Scheiße sitze. Es war gar nicht so, wie mir meine Freunde erzählt haben. Im Gegenteil, es war grauenvoll. Die Zelle war sehr spärlich und kalt eingerichtet: Es waren nur ein Tisch, ein Stuhl, ein Schrank und ein Bett vorhanden. Ich kam mir so erniedrigt vor. Ich fühlte mich so, als wäre ich in einem Käfig gefangen. Vor meinem Fenster flogen die Vögel rum und ich war eingesperrt. Die Zeit verging ganz langsam.

Ich versuchte zu schlafen, aber es ging nicht. Ich musste an meine Mutter denken; daran wie enttäuscht sie von mir ist, daran wie sie mich anschaute, als ich fort ging. Sie hatte Tränen in den Augen und sie wollte mich nicht gehen lassen, obwohl ich ihr sagte, es sind ja nur drei Tage. Sie hatte aber große Angst um mich. Ich habe in der Zelle viele Tränen vergossen und habe viel über mein Leben nachgedacht. Mir sind viele Fragen durch den Kopf gegangen und zum ersten Mal habe ich mich so richtig hilflos gefühlt. Vor allem fragte ich mich: Wo waren jetzt meine so genannten Freunde? Wie konnte ich meine Familie so enttäuschen? Wieso hatte ich die Schule geschmissen? Wie bin ich überhaupt im Knast gelandet? Was kommt als Nächstes, wie geht es weiter mit meinem Leben?

Die zweite Chance

Mein neues Leben nach dem Arrest

Nun, nach diesem Wochenende habe ich mich wie ein kleines Kind auf die Freiheit gefreut. Ich habe mir geschworen, nie wieder eine Zelle von innen zu sehen, denn ich habe damit nicht nur mir geschadet, sondern auch meiner Familie. Am dritten Tag durfte ich wieder nach Hause und ich denke, das waren wohl die längsten drei Tage meines Lebens. Selbst beim Verlassen der Strafanstalt hatte ich Angst, denn die Tore dröhnten auch beim Gehen. Der Aufenthalt hier war nicht wie auf einer Klassenfahrt. Denn bei einer Klassenfahrt freute ich mich wieder nachhause zu kommen, vor allem wusste ich immer, dass ich vor der Schule abgeholt werde. Jetzt wusste ich nicht, was mich zuhause erwarten würde. Hatte meine Mutter meinem Vater erzählt, wo ich gewesen war? Wenn ja, wird er enttäuscht sein von mir? Auf dem Weg nach Hause gingen diese und viele andere Fragen durch meinen Kopf. Aber eines war sicher, ich musste zusehen, dass ich auf jeden Fall die Gang verlasse und mein Leben ändere.

Dabei hatte ich Glück im Unglück, denn der größte Teil unserer Gang befand sich inzwischen ebenfalls hinter Gittern. Das war die einzige Möglichkeit für mich, die Gang ohne Probleme zu verlassen. Und das tat ich dann auch. Kurze Zeit später löste sich die Gang dann komplett auf; die meisten befanden sich im Knast, der eine oder andere hat geheiratet. Ich habe die Jacke vernichtet und sämtliche Orte vermieden, an denen ich welche von meinen alten Freunden treffen könnte. Ich wechselte also meinen kompletten Freundeskreis und versuchte mit fünfzehn Jahren, ein neues Leben zu beginnen.

Ich hatte mehr Glück als viele andere Jugendliche, die in meiner Situation waren, denn ich stand nach meinem dreitägigen Arrestaufenthalt nicht alleine da. Meine Familie fing mich auf und führte mehrere Gespräche mit mir. Sie unterstützten mich bei meinem Vorhaben und dem Erreichen meiner Ziele. Ich entschuldigte mich bei meiner Familie und die Reaktion meines Vaters gab mir zu denken. «Fadi», sagte er, «entschuldigen kann man Vieles, aber eine Entschuldigung ist erst dann eine Entschuldigung, wenn du es ernst meinst und es zu solch einer Situation nicht mehr kommen lässt.» Das waren klare Worte.

Ich werde Schutzengel

Aber wie konnte ich meine Familie stolz machen und ihnen zeigen, dass es mir wirklich leidtut? Ich war verwirrt und stand plötzlich wieder am Anfang und musste sehen, wie ich weiterkommen kann. In dieser Zeit lernte ich die «Guardian Angels» (Schutzengel) kennen. Eine Bürgerinitiative, die in New York gegründet wurde und sich auch in Berlin etabliert hat. Zu ihren Aufgaben gehören vor allem die Bekämpfung von Rassismus und Gewalt auf den Straßen im U- und S-Bahnnetz sowie die Steigerung des subjektiven Sicherheitsgefühls der Bürger. Großen Wert legen sie auf ihre multikulturelle Zusammensetzung und ihre Toleranz gegenüber allen Mitmenschen unabhängig von ihrer Rasse, Nationalität, Religion, politischen Einstellung, sexuellen Orientierung oder ihrem Alter. Abzeichen der Guardian Angels ist ein rotes Barett, eine rote Jacke und ein weißes T-Shirt.

Bei den Guardian Angels hatte ich die Möglichkeit, genau das Gegenteil von dem zu tun, was ich die letzten Jahre getan hatte. Hier bekam ich vor allem Anerkennung für meine Dienste, nicht nur von den Angels, sondern auch von den Bürgerinnen und Bürgern auf der Straße. Wenn wir Spenden sammelten, erhielten wir vor allem Lob für das, was wir taten – und es war ein schönes Gefühl, anerkannt zu sein. Ich verbrachte ungefähr zwei Jahre bei den Guardian Angels und lernte in dieser Zeit, meine Probleme verbal zu lösen und nicht gleich zuzuschlagen. Vor allem haben mir die klaren Strukturen, ähnlich wie beim Militär, geholfen, mein Leben in den Griff zu bekommen.

Die Beteiligung war ehrenamtlich und als Gegenleistung haben wir ein kostenloses Training im Straßenkampf bekommen. Wir trafen uns meist gegen 17.00 Uhr in der Nähe vom Bahnhof Zoo. Als erstes haben wir uns gegenseitig nach Waffen durchsucht, denn es war nicht gestattet, während der Patrouille Waffen dabei zu haben. Eine Patrouille bestand aus sechs Personen. Von hier aus verteilten wir uns quer über Berlin. Die einen hatten den Schwerpunkt U-Bahn und die anderen die S-Bahn oder einfach bestimmte Ecken in Berlin. Es kamen auch viele Anfragen von Bürgern, ob wir nicht mal zu ihnen ins Viertel kommen könnten, da es abends sehr unheimlich sei und viele Jugendliche herumlungern würden. Wir hatten aber auch viel mit Pöbeleien von Leuten zu kämpfen; einige begrüßten uns auf der Straße mit «Hallo, selbsternannte Sheriffs», «Hallo Rotkäppchen», und manche taten das nur, um uns zu provozieren. Ich traf während der Patrouille auch einige alte Rivalen oder Jugendliche aus meiner Gang, die haben sich dann gewundert und mich ausgelacht. Aber als wir einen alten Bekannten von mir auf dem Ku'damm dabei erwischt haben, wie er einen anderen Jugendlichen abziehen wollte, sind wir dazwischen gegangen und haben ihn festgehalten, bis die Polizei kam. Bei der Polizei gab es Beamte, die toll fanden, was wir machten und andere, die es lächerlich fanden; aber okay, immerhin konnten wir viele Male helfen. Nach der Aktion auf dem Ku'damm habe ich ein paar Probleme mit anderen Jugendlichen bekommen. Wie konnte ich einen Mann aus den eigenen Reihen der Polizei übergeben? Daraufhin konnte ich ein halbes Jahr lang nicht alleine über den Ku'damm laufen; wer weiß, was passiert wäre. Woanders hatte ich keine Angst, einen von ihnen zu treffen, da sie, wenn sie alleine sind, meist Angst haben und sich nicht trauen, jemanden anzugreifen.

Ich verdiene mein eigenes Geld – ganz legal!

Aber die Guardian Angels waren nicht der einzige Grund dafür, dass ich mich verändert habe. Eine große Rolle spielte dabei natürlich die Unterstützung meiner Familie. Ein Bekannter von mir bot mir an, am Nachmittag Reklamezettel für sein Restaurant auszuteilen, um mir so ein Taschengeld zu verdienen. Ich nahm sein Angebot an und verteilte fleißig Flyer. Später durfte ich sogar in der Küche aushelfen und habe so 100 Mark zusätzlich am Wochenende verdient. Ich war erst mal stolz auf mich, denn ich verdiente mein eigenes Geld und konnte damit machen, was ich wollte. Es gab nicht viele Jugendliche, die ich kannte, die ihr eigenes Geld verdienten. Es war ein schönes Gefühl, ich kam mir so erwachsen vor. Und mein Chef war sehr zufrieden mit meiner Arbeit; es hat wirklich gut getan, diese Anerkennung zu bekommen. Mein Freund und ich hatten beide Handyverträge über seinen Vater abgeschlossen und wir waren die einzigen in unserem Kiez, die ein Handy hatten. Bis dahin hatten wir nur einen Pieper gehabt. Wenn jemand was von einem wollte, schickte er seine Nummer auf das kleine Gerät und wir haben zurückgerufen.

Heute ist es selbstverständlich, dass man ein Handy hat, wenn nicht sogar zwei. Jetzt ist man überall erreichbar und falls es zu einer Schlägerei kommt, trommeln sich die Jugendlichen im Nu zusammen. Sie brauchen nur eine entsprechende SMS an alle zu schicken. Früher haben wir nur das Festnetztelefon des anderen Jugendlichen anrufen können und wenn er nicht da war, hatten wir eben Pech. Vor allem, wenn sich Mädchen mit uns treffen wollten, konnten sie uns nicht erreichen. – Zuhause von Mädchen angerufen zu werden, ging nicht, da unsere Eltern dran gehen konnten. Aber die heutigen technischen Mittel ermöglichen es sogar, Videos aufzunehmen. Auch, wenn es um Schlägereien geht. Die Jugendlichen nehmen eine Schlägerei auf, schicken sie sich gegenseitig zu und prahlen damit, wie sehr sie ihren Opfern Schaden zugefügt haben. Die Medien haben es den Jugendlichen ja vorgemacht; indem sie die Jugendgewalt im Fernsehen zeigen, fühlen sich die Jugendlichen noch größer. Meistens sind das aber Jugendliche, die kaum Anschluss in der Gesellschaft gefunden haben und bisher von niemandem wahrgenommen wurden. Und plötzlich steht ein Kamerateam vor ihnen und fragt sie nach ihren Aktionen – außer ihren Aktionen haben sie ja nichts, was sie vorzeigen könnten. Sonst fragt keiner nach ihnen. Statt diesen Jugendlichen Vorbilder zu zeigen, werden ihre Taten in den Vordergrund geschoben und wird den Fernsehzuschauern ein Bild vermittelt, als wären alle ausländischen Jugendlichen aus den Berliner Kiezen Verbrecher. Warum werden nicht die fleißigen und erfolgreichen Migranten gezeigt? Wie schlimm Medien sein können, erzähle ich aber noch in einem anderen Kapitel. Erstmal wieder zurück zu meiner eigenen Geschichte.

Zurück in die Schule

Aufgrund meines Verhaltens in der Schule hatte ich nur meinen Hauptschulabschluss in der Tasche und ich dachte nun daran, eine Ausbildung zu machen. Ich stellte mich beim Arbeitsamt vor und bekam einen Termin beim Berufsberater. Ich bat ihn, mir eine Ausbildung zum Bürokaufmann zu geben. Ich dachte mir, dieser Beruf würde meine Eltern stolz machen und da ich in Mathematik gut war, wäre dieser Beruf genau das Richtige für mich. Der Berufsberater fing plötzlich an zu lachen und hörte damit nicht mehr auf. Ich fragte ihn, warum er lache und er sagte mir:

«Du hast es bisher kaum geschafft, ein halbes Jahr lang auf einer Schule zu bleiben, ohne rauszufliegen und jetzt möchtest du eine dreijährige Ausbildung anfangen?» Und er fing wieder an zu lachen.

«Okay, was muss ich machen, um eine Ausbildung zu bekommen?»

«Ich werde dir eine Maßnahme geben, in der du die Möglichkeit hast, deinen erweiterten Hauptschulabschluss nachzuholen. Wenn du es schaffst, den Abschluss ohne rauszufliegen zu erreichen, dann, aber auch nur dann, werde ich dir helfen, eine Ausbildung zu finden.»

Ich ging auf sein Angebot ein und hielt ihm meine Hand hin, er schlug ein. Kurze Zeit später hatte ich auch schon Post vom Berufsberater, er hatte einen freien Platz für mich gefunden. Ich stellte mich beim Träger vor und fing auch gleich an. Ich wusste, ich habe nur diese eine Chance, entweder ich nutze sie, oder ich verliere. Es war Ende 1996 und die nächsten Prüfungen waren im Mai 1997, also hatte ich knapp sieben Monate Zeit, meinen Abschluss zu machen. Der Schulplan war einfach, von 8.00-12.00 Uhr hatten wir Schule und von 12:30-16:00 Uhr gingen wir arbeiten. Es war eine Mischung aus Schule und einer Arbeitsbeschaffungsmaßnahme, ich verdiente sogar Geld dabei. Es war schwer für mich, nach so langer Zeit ohne Schulbesuch wieder pünktlich und regelmäßig zu sein, beziehungsweise Hausaufgaben zu machen. Ich brach den Kontakt zu meinen Freunden komplett ab. Das war die einzige Möglichkeit, mich auf die Schule zu konzentrieren und vernünftig zu lernen.

Warum nur habe ich die Schule nicht vernünftig abgeschlossen? Dann wäre ich jetzt schon fertig mit der Schule und hätte längst eine Ausbildung bekommen können. Liebe Schüler, eins kann ich Euch sagen: Es ist viel schwieriger die Schule nachzuholen, wenn man eine ganze Weile aus der Schule raus ist, als gleich die Schule zu besuchen und Euren Schulabschluss zu machen. Ich würde Euch deshalb raten, Eure Abschlüsse gleich an der Schule zu machen. Das Schwänzen bringt Euch sowieso nicht weiter, im Gegenteil, Ihr habt ja gesehen, was es mir gebracht hat. Ihr habt alle Möglichkeiten, um aus Eurem Leben etwas zu machen, egal ob Ihr an einer Hauptschule oder an einer Realschule seid. Ein guter erweiterter Hauptschulabschluss ist besser als ein schlechter Realschulabschluss. Und wer wirklich will, kann es auch schaffen. Nutzt die vielen Angebote an Euren Schulen und vor allem die Unterstützung Eurer Lehrer!

Im Mai 1997 war es soweit, die Prüfungen standen kurz bevor. Es war eine externe Prüfung, die Lehrer kannten mich nicht und ich kannte sie nicht. Das war auch gut so, denn so konnte niemand von meiner Vorgeschichte wissen und sie behandelten mich wie jeden anderen Schüler. In jedem Fach gab es zwei Aufgaben und für jede Aufgabe hatte ich sechs Minuten Zeit. Ich habe die Prüfungen bestanden und meinen erweiterten Hauptschulabschluss mit einem Notendurchschnitt von 2,3 erreicht. Ich hatte es geschafft, etwas anzufangen und bis zum Ende durchzuziehen. Ich zeigte den Abschluss meiner Familie und sie waren stolz auf mich, und ich konnte es auch sein. Gleich am nächsten Tag machte ich mich auf den Weg zum Berufsberater, um auch ihm meinen Abschluss zu zeigen. Er konnte es nicht glauben, vor allem nicht mit diesem Notendurchschnitt. «Super», sagte er, «das ist ein gutes Zeugnis, und jetzt werde ich dir bei der Suche nach einer Ausbildung zum Bürokaufmann helfen.»

Ausbildung zum Bürokaufmann

Nachdem ich also meinen Teil der Abmachung erfüllt hatte, wollte der Berufsberater seinen Teil einlösen. Er erzählte mir etwas von einer «40C-Maßnahme» – oder so ähnlich. Diese sei nur für benachteiligte Jugendliche möglich, aber ich müsste vorher einen psychologischen Test beim Arbeitsamt machen. Ich sagte ihm, das sei nicht fair, erst hieß es den Abschluss schaffen und jetzt auch noch einen Psychotest, wozu sei das gut? Er müsse diesen Test machen, um zu sehen, ob ich für die Ausbildung zum Bürokaufmann geeignet bin. Ob ich zum Beispiel mit Zahlen umgehen kann, denn ein Ausbildungsplatz kostet das Arbeitsamt tausende Euros. Im Sommer 1997 bestand ich den Test und bewarb mich bei einem Bildungsträger in Tiergarten um einen Ausbildungsplatz. Mein Berufsberater erklärte mir, es wäre eine überbetriebliche (schulische) Ausbildung bei einem Bildungsträger. Hier ginge es wie in einer Firma in der Wirtschaft zu, nur dass das Geld, mit dem gearbeitet wird, kein echtes ist. Es sei ähnlich wie im Spiel «Monopoly». Ich verstand das nicht wirklich, aber für mich war es wichtig, einen Ausbildungsvertrag zu bekommen und meine Eltern stolz zu machen.

Wenn ich heute den Jugendlichen vorschlage, eine überbetriebliche Ausbildung zu machen, dann lehnen sie das oft
erstmal ab: «Das ist nicht so gut, ich will in einer Firma arbeiten», sagen sie. Ich versuche dann, ihnen die Vorteile einer
solchen Ausbildung zu erläutern und erkläre ihnen auch, dass
die Abschlussprüfungen zusammen mit den Azubis aus richtigen Firmen stattfinden. Vor allem ist die Betreuung durch
die Ausbilder in einer überbetrieblichen Ausbildung viel intensiver als in der freien Wirtschaft.

Endlich war es soweit, ich fing meine Ausbildung an. Am ersten Tag wurden wir erst mal eingewiesen und haben die Be-
triebsstätte kennen gelernt. Und wie in jeder Ausbildung gab
es auch hier eine Berufsschule. Ich war nicht sehr erfreut darüber, wieder in die Schule zu gehen, aber es musste ja sein.
In den nächsten Monaten merkte ich schnell, dass eine Ausbildung nicht mit der Schule zu vergleichen ist – es war alles
viel strenger. Zu spät kommen ging jetzt auch nicht mehr. Ich
hatte viele Hürden zu überwinden, vor allem musste ich lernen, Konflikte anders als gewohnt zu lösen. Bislang hatte ich
sie immer mit Gewalt «gelöst» oder ich gab die Schuld immer
den Anderen.

Einmal aber konnte ich mich nicht mehr zurückhalten. Ich
war zwei Wochen krankgeschrieben und als ich wieder da war,
bin ich gleich von meinem Ausbilder aufgefordert worden, den
Abwasch zu machen, da meine Klasse diese Woche dran sei.
Ich sagte ihm, dass ich aber nicht einsehen würde, den Abwasch zu machen, denn ich war ja zwei Wochen nicht da gewesen. Die Diskussion mit meinem Ausbilder ging hin und
her, bis sich ein weiterer Ausbilder einmischte:

«Dann lass ihn», sagte er, «wenn er den Abwasch nicht machen möchte, ist es Arbeitsverweigerung und du kannst ihn
abmahnen.»

«Was mischst du dich da ein, wenn ich mit meinem Ausbilder rede?», gab ich zurück.

«Ich bin der Ausbilder und du bist der Auszubildende», sagte er, «und wenn ich dir sage, du machst den Abwasch, dann hast du es auch zu machen!»

«Denkst du, du bist was Besseres als ich? Dann mach du doch den Abwasch», erwiderte ich.

Mein Ausbilder versuchte mich zu beruhigen, aber ich sagte ihm, er soll sich raushalten, das ist jetzt eine Sache zwischen mir und dem neuen Ausbilder. Meine Mitschüler haben mich dann aus dem Raum rausgezogen und versucht, mich zu beruhigen. Am Ende haben mir dann Schülerinnen aus der Nebenklasse beim Abwaschen geholfen. Nachdem der Abwasch erledigt war, ging ich zu meinem Ausbilder und sagte ihm, dass ich fertig sei. Da antwortete der neue Ausbilder:

«Na siehst du, geht doch, warum nicht gleich so?»

Da bin ich ausgerastet und sagte ihm, er soll sich ja vorsehen, wie er mit uns umgeht, «wir sind hier nicht wie die Schüler, die Sie davor im Ostteil der Stadt ausgebildet haben.» Daraufhin schrie er mich an. Ich sagte ihm:

«Sie haben völlig Recht, sie sind der Ausbilder und ich bin der Auszubildende, aber in zehn Minuten haben wir Feierabend, dann sind sie ein Niemand und wir klären es auf unsere Art und Weise.»

Dann ging ich raus und gleich rüber zum Betriebsleiter und beschwerte mich über den Ausbilder. Ich schilderte ihm den Vorfall und sagte ihm, dass sich der Ausbilder als Pädagoge anders hätte verhalten müssen und mich nicht runtermachen dürfe, geschweige denn anschreien. Was ist das denn für ein Vorbild? Nachdem wir ein gemeinsames Gespräch mit dem neuen Ausbilder geführt hatten, musste sich dieser dann auch bei mir entschuldigen.

Mittendrin beabsichtigte ich sogar die Ausbildung abzubre-
chen, meine Ausbildungsvergütung von 525,– Mark reichte
nicht aus. In dieser Zeit hatte ich schon meine eigene Wohnung und zum Leben reichte das Geld nicht, schon gar nicht,
um einige weitere Bedürfnisse zu befriedigen. Ich habe es
meiner damaligen Freundin, Kismet, zu verdanken, dass ich
die Ausbildung nicht abgebrochen habe. Sie war auch in der
Ausbildung beim gleichen Träger, allerdings ein Jahr weiter
als ich. Tagelang redete sie auf mich ein, die Ausbildung nicht
zu beenden und unterstützte mich, wo sie nur konnte. Ich habe
dann verschiedene Nebenjobs gehabt, um mich über Wasser
zu halten. Ich arbeitete am Nachmittag zum Beispiel bei Burger King. – Nur so konnte ich schließlich die Ausbildung zum
Bürokaufmann erfolgreich abschließen.

Vom Bürokaufmann zum Floristen

Nachdem ich im Sommer 2000 die Ausbildung zum Bürokaufmann erfolgreich abgeschlossen hatte, stand ich ohne
Arbeit da. Das war sehr frustrierend für mich. Ich hatte endlich eine abgeschlossene Ausbildung und trotzdem keinen Arbeitsplatz.

Nach der Ausbildung keine Stelle zu finden, ist für viele Jugendliche demotivierend. Sie sagen dann: «Auch wenn ich
eine Ausbildung mache, habe ich danach trotzdem keine Arbeit.» Sie alle kennen einige, die eine Ausbildung gemacht
haben und dennoch keinen Arbeitsplatz gefunden haben, also
denken sie, wozu sollen wir unsere Zeit verschwenden?

Inzwischen hatte ich meine eigene Wohnung aufgegeben und
wohnte als Untermieter bei Kerstin und ihrem Freund. Sie

hatten eine Dreizimmerwohnung. Wir saßen in der Küche und eine Freundin von uns beklagte sich über ihre derzeitige Situation. Sie besaß einen Blumenstand im Wedding und musste ihn verkaufen, da sie Nachwuchs erwartete. Kerstin ist gelernte Floristin und war wie ich auf der Suche nach Arbeit. Also, warum sollten wir nicht den Blumenstand übernehmen? Ich würde der Freundin den Stand abkaufen, mich um Buchhaltung, Werbung und den Auf- und Abbau kümmern, und Kerstin würde bei mir arbeiten und Blumen verkaufen. Ich habe mir das ganz leicht vorgestellt, der Blumenstand war nicht teuer und Blumen kauft man ja immer frisch, also hätte ich keine großen Investitionen: Ich würde aus den Erlösen der Vortage einkaufen und so ginge es immer weiter.

Am Anfang lief auch alles schön und gut, aber im Laufe der Zeit merkte ich, dass ich es mir etwas zu leicht vorgestellt hatte. Das Aufstehen morgens um 4.00 Uhr fiel mir besonders schwer und dann versuchte ich, die kompletten Rechnungsangelegenheiten ohne Hilfe von außen zu bewältigen. Vor allem fehlte Geld. Ich dachte die Einnahmen würden die Ausgaben tragen, aber leider war es nicht so. Im Sommer 2001 musste ich den Blumenstand wieder verkaufen, da ich den Stand nicht mehr halten konnte. Also war ich wieder arbeitslos, aber um ein paar Erfahrungen reicher.

Fast wäre ich Polizist geworden

Heissam, ein guter Freund von mir, der wie ich mit palästinensischem Hintergrund in Berlin geboren und aufgewachsen ist, erzählte mir von seinem Vorhaben, sich bei der Berliner Polizei bewerben zu wollen. Ich fand das interessant, war aber skeptisch. Ich fragte ihn: «Glaubst du etwa, die würden einen

Araber einstellen?» Er war sich seiner Sache aber sicher und stellte seine Bewerbungsunterlagen zusammen. Ich dachte mir, na ja, was habe ich schon zu verlieren, ich bewerbe mich auch mal bei der Polizei, mehr als ein Nein kann ja nicht passieren. Wir informierten uns im BIZ, was für den Beruf als Polizist im mittleren Dienst verlangt wird. Eine abgeschlossene Ausbildung hatten wir, also fehlte noch ein aktueller Schwimmpass; den haben wir dann im Schwimmbad Seestrasse nachgeholt. Nachdem wir alle Unterlagen zusammen hatten, reichten wir unsere Bewerbungsunterlagen ein. Heissam hatte sich sogar in München, Hamburg und anderen Bundesländern beworben.

Schließlich bekamen wir beide eine Einladung für einen Einstellungstest in Berlin. Ich war sehr verwundert, dass ich trotz meiner Vergangenheit eine Chance bekommen sollte, Polizist zu werden. Am Tag des Einstellungstests für den schriftlichen Teil war ich sehr aufgeregt. Ich kann mich nur noch an den Allgemeintest und an das Diktat erinnern. Tage später bekam ich per Post mitgeteilt, dass ich den schriftlichen Teil bestanden habe und für den mündlichen und den sportlichen Teil eingeladen werde.

Ich kam der Ausbildung also immer näher und konnte es immer noch nicht glauben. Auch den Einstellungstest für den mündlichen und den sportlichen Teil habe ich erfolgreich bestanden. Nun stand nur noch der ärztliche Teil bevor, dieser würde in zwei Wochen sein. Doch dazu kam es nicht mehr, denn eine Woche später bekam ich in einem Brief mitgeteilt, dass ich für die Ausbildung nicht in Betracht käme. Ich fragte bei der Polizei nach, warum ich nicht in Betracht komme, bekam aber keine Antwort. Ich bin mir sicher, dass es an meiner Jugendakte lag, auch wenn ich nie eine Antwort bekommen habe. Aber was war mit Heissam, der sich im Gegensatz zu mir nichts zu Schulden hatte kommen lassen und einer der besten in allen Einstellungstests war? Auch er wurde ohne Begründung nicht angenommen. Natürlich wollte ich nicht einsehen, dass meine Absage mit meinen vielen Dummheiten zu hatte, sondern gab die Schuld einfach der Polizei. Ich sagte mir, dass sie mich aufgrund meiner Herkunft nicht genommen hätten.

Da es bei der Polizei nicht geklappt hatte und ich immer noch auf der Suche nach einer Arbeit war, informierte ich mich beim Arbeitsamt über mögliche Fort- und Weiterbildungen. Da ich schon auf einigen Veranstaltungen im Sicherheitsbereich ausgeholfen hatte und bei den Guardian Angels Erfahrungen gesammelt hatte, suchte ich eine Möglichkeit hier meine Kenntnisse zu erweitern. Hierzu besuchte ich eine siebenwöchige Trainingsmaßnahme bei der DEKRA. Ich hatte die Idee, eine mögliche Kombination zwischen Sicherheitsdienst und meiner Ausbildung zu finden. Vielleicht könnte ich ja bei einer Sicherheitsfirma in der Verwaltung arbeiten oder als Einsatzleiter eingesetzt werden. Ich wäre in der Lage, am Computer zu arbeiten und gleichzeitig hätte ich meine Teilnahmebescheinigung «Security und Objektschutz» in der Tasche beziehungsweise einen IHK-Abschluss. Schließlich beendete ich die Maßnahme erfolgreich und erreichte so meinen gewünschten Abschluss. Von Dezember 2001 bis September 2002 hatte ich mehrere Nebenjobs im Sicherheitsbereich als Doorman bei H&M, auf dem Weihnachtsmarkt, bei Straßenfesten und im Hangar am Flughafen Tempelhof.

Im September 2002 beschloss ich, meine Erfahrungen als Bürokaufmann zu vertiefen und suchte nach einer Möglichkeit, meine Englischkenntnisse sowie auch meine Kenntnisse in der Verwaltung zu erweitern. Meine Suche endete in der «Benedict School». Die Schule befand sich direkt im Zentrum von Berlin. Wir waren ungefähr zwölf Leute in einer Klasse. Und nicht nur, dass ich der Jüngste war; ich war auch der einzige männliche Teilnehmer. Hier lernte ich auch die Redewendung «Der Hahn im Korb» kennen...

Jedenfalls konnte ich hier meine Englischkenntnisse auffrischen und mein Wissen in der Buchhaltung erweitern. Für diese Maßnahme war auch ein vierwöchiges Praktikum vorgesehen. Also suchte ich eine Praktikumsstelle im Verwaltungswesen und sprach jeden an, den ich kannte, bis ich etwas gefunden hatte. Ich wollte eine Praktikumsstelle haben, bei der ich auch was dazu lernen kann und eventuell die Chance hätte, einen Arbeitsplatz zu bekommen. Hier hat mir mein Onkel, Mahmoud Fayoumi (Abu Bilal), sehr geholfen. Er lebt schon seit mehreren Jahren in Deutschland und kennt ziemlich viele Leute in Berlin. Er selbst arbeitet beim «Arabischen Kulturinstitut», wo er Familien arabischer Herkunft im sozialen Bereich hilft. Abu Bilal sprach den Institutsleiter, Dr. Mahmood, an, ob für mich noch ein Praktikumsplatz frei wäre, denn Abu Bilal war der Meinung, dass ich so auch gleich meine Arabischkenntnisse auffrischen könnte. Ich fand seinen Vorschlag interessant, recherchierte im Internet, um einen Überblick vom Verein zu bekommen, bewarb mich und begann schließlich dort mein Praktikum. Ich erhielt einen Platz in der Verwaltung, aber es war ganz anders als ich es von meiner Ausbildung her kannte.

Nächster Halt: Neukölln

Das Arabische Kulturinstitut (AKI e.V.) im Rollbergviertel

Das Arabische Kulturinstitut hat seinen Hauptsitz im Roll-bergviertel, einem sozialen Brennpunkt in Berlin-Neukölln. Ich hatte erwartet, dass alle Mitarbeiter arabischer Herkunft sind und viel arabisch gesprochen wird, aber so war es nicht. So war zum Beispiel meine Betreuerin deutscher Herkunft und der Computeradministrator war ein Pakistani. Ich konnte mir schnell ein Bild von meiner neuen Einsatzstelle machen und der Geschäftsführer war zufrieden mit meiner Arbeit, vor allem weil ich gute PC-Kenntnisse hatte und diese auch anwenden durfte. Schließlich kam der erste Schritt meiner jetzigen Berufskarriere. Im Rollbergviertel leben zahlreiche Menschen arabischer Herkunft. Das Arabische Kulturinstitut hatte seinerzeit ungefähr zehn laufende Projekte und etwa 50 Beschäftigte. Ziel des Vereins ist es, die Integration der ara-bischstämmigen Bewohner des Viertels zu unterstützen.

Gleich nachdem ich mein Praktikum angefangen hatte, frag-te mich Dr. Mahmood, ob ich mal ein Fußballturnier für die Kleinen organisieren könnte. Ich dachte mir, na ja, so schwer wird das ja nicht sein, oder? Ich bejahte seine Frage und mach-te mich an die Planung. Der Kinderdschungel, ein Projekt des Vereins, liegt mitten im Rollbergviertel und betreut Kinder im Grundschulalter. Hier werden zahlreiche Veranstaltungen für die Kinder und ihre Eltern organisiert: Weihnachtsfeiern, das Zuckerfest, Halloween, Opferfeste oder die Suche nach Os-tereiern. Ein weiterer Schwerpunkt ist die Schulbildung. Die Kinder machen erst ihre Hausaufgaben mit Unterstützung der Betreuer und haben im Anschluss die Möglichkeit, an einem der vielen Freizeitangebote teilzunehmen. Direkt vor der Einrichtung gibt es einen kleinen Bolzplatz, auf dem ständig Kinder und Jugendliche spielen.

Ich machte mich also an die Planung für das Fußballturnier, fertigte Plakate und Flyer an und verteilte sie in den Grundschulen und in den nahe liegenden Einrichtungen. Es meldeten sich etwa 30 Kinder verschiedener Herkunft für das Turnier an. Mitspielen durfte jeder, der zwischen zehn und vierzehn Jahren alt ist. Am Ende des Turniers hat jeder eine Urkunde bekommen und es gab außerdem noch Preise für die ersten drei Plätze. Das Turnier war ein Erfolg und die Kinder fragten mich, wann denn das nächste Turnier stattfinden würde. Es gab noch kein Fußballtraining im Viertel und mein Geschäftsführer bot mir eine Stelle im Kinderdschungel an. Es war eine vom Arbeitsamt unterstützte SAM-Stelle, die bis Ende 2003 befristet war.

Ich wechselte also direkt vom Praktikum in der Verwaltung in ein Arbeitsverhältnis im Institut. Ich begann für zwanzig Kinder zweimal die Woche ein Fußballtraining anzubieten. In vielen dieser Kinder konnte ich meine eigene Vergangenheit sehen, denn sie lebten auch in einem Kiez, kamen aus armen Familien und fast alle hatten Erfahrung mit Gewalt gemacht. Mit der Zeit nutzte ich den Computertreff des Instituts für meine kleinen Schützlinge. Ziel war es, sie mit dem Computer vertraut zu machen und ihnen zu zeigen, dass das Internet mehr als nur Gewaltspiele wie Counter-Strike zu bieten hat. Ich gab ihnen Rechenaufgaben und Rätsel und zeigte ihnen, wie man mit «Google» nach etwas suchen kann. Wenn sie einen Begriff eingaben und dann die Bilder angezeigt wurden, waren sie begeistert. Nach und nach nutzten sie das Internet auch um ihre Hausaufgaben zu machen. Einige von ihnen hatten Schwierigkeiten in der Schule und deshalb nahm ich

Kontakt zu ihren Lehrern auf. Ich stellte mich bei den Klassenlehrern vor und für viele kam ich aufgrund meiner Arabischkenntnissen wie gerufen. Ich bot an, bei den Elternabenden oder bei den Elterngesprächen zu übersetzen und mein Angebot wurde dankend genutzt.

So schloss sich der Kreis, ich lernte die Lehrer und nun auch die Eltern kennen. Mit der Zeit lernte ich den Rollberg mit seinen vielen Vereinen, seinen Schulen, die Bewohner und die zuständigen Behörden immer besser kennen. Ich entdeckte schnell, was hier fehlte: Es gab keine jungen männlichen Sozialarbeiter, die zugleich auch arabisch sprechen konnten. Ich wiederum spreche arabisch, war jung und männlich. Ich hatte zwar leider kein Studium abgeschlossen, aber dafür hatte ich eine abgeschlossene Ausbildung. Meine Arabischkenntnisse und meine Erfahrungen aus meiner Jugend brachten mich bei meiner Arbeit im sozialen Brennpunkt weiter. Ich war für die Jugendlichen eine Vertrauensperson.

Schon als Kind hatte ich viele meiner Bekannten zu Ärzten, Behörden oder zu Schulen begleitet, um für sie zu übersetzen. Also, warum sollte ich das jetzt nicht wieder tun, ich hatte ja in meiner Jugend auch mit den verschiedensten Behörden zu tun: Jugendamt, Polizeirevier, Schulbehörde und andere. Ich konnte das Vertrauen der Bewohner, insbesondere der Kinder und Jugendlichen, gewinnen und dem einen oder anderen mit seinen Sorgen helfen.

Während meiner Zeit in der Berufsschule sagte mir ein Lehrer: «Man kann nicht alles wissen, aber man sollte wissen, wo es steht». Und so machte ich es auch. Ich konnte nicht alle Sorgen der Bewohner bewältigen, aber ich konnte sie an die zuständigen Institutionen weiterleiten.

Erfahrungen mit der Polizei

Bis zu diesem Zeitpunkt konnte ich die Polizei nicht leiden, da ich sie nur im Negativen kannte oder weil ich mit ihr zu tun hatte, wenn ich etwas angestellt hatte. Aber auch wenn ich nichts angestellt hatte, Polizisten waren so gut wie nie freundlich zu mir oder meinesgleichen. Ein Beispiel: Gemeinsam mit zwei Freunden spazierte ich über den Ku'damm, als sechs Polizisten in Uniform auf uns zukamen. Der Älteste von ihnen fragte mich in gebrochenem Deutsch: «Hast du Papiere, Passport?»

Ich antwortete mit einem Nicken, holte meine Tasche hervor und gab ihm meinen Personalausweis.

«Du hast ja einen deutschen Pass, kannst du kein Deutsch sprechen?»

Ich sagte ihm: «Ich ja, aber Sie anscheinend nicht so gut!» Danach ging die Diskussion hin und her, und ich war sehr verärgert über das alles und fühlte mich von dem Polizisten extrem diskriminiert. Ich bin nicht der Einzige, der solche oder ähnliche Erfahrungen mit Behörden machen musste. Von den Jugendlichen höre ich Ähnliches: «Fadi, gestern hatten wir eine Auseinandersetzung mit zwei deutschen Jugendlichen und als die Polizei dazu gerufen worden ist, wollten die nicht einmal hören, was wir zu sagen haben. Sie haben sich nur angehört, was die deutschen Jugendlichen zu sagen hatten und machten sich daraus ihr Bild. Ach ja, doch, zu uns haben sie doch was gesagt: ‹Wenn ihr was dazu sagen möchtet, könnt ihr das auf dem Abschnitt machen, ihr bekommt einen Brief›, – mehr nicht.»

1993 hatte ich ein ähnliches Erlebnis wie diese Jugendlichen. Ich wohnte in Reinickendorf in einer sehr ruhigen Gegend. Mein Onkel und ich wollten gerade Abendbrot essen, da hörten wir, wie eine weibliche Stimme um Hilfe rief. Wir schauten aus dem Fenster und konnten sehen, wie ein Mädchen im Erdgeschoss aus dem Fenster sprang und sehr hysterisch um Hilfe schrie. Ein Mann sprang ebenfalls aus dem Fenster und verfolgte das Mädchen. Wir sind sofort runter und den beiden hinterher. Als wir sie fast eingeholt hatten, versuchte das Mädchen ein Auto anzuhalten. Als endlich ein Auto anhielt, öffnete sie die hintere Autotür um einzusteigen. Der Mann, der ihr hinterher rannte, war aber schon nah genug an ihr dran und zog sie an den Haaren wieder raus. Das Auto fuhr einfach weiter, anstatt ihr zu helfen. Als ich sie erreichte, zog ich den Mann weg von ihr und drückte ihn auf den Boden. Ich schlug ihm mehrmals ins Gesicht, während mein Onkel versuchte, das Mädchen zu beruhigen. Aus einer Kneipe kamen einige Männer gelaufen. Als wir ihnen erzählten, was passiert war, waren sie sehr wütend. Dann kam die Polizei. Statt den auf der Straße liegenden Mann festzunehmen, haben sie mich zur Seite genommen, durchsucht und mir Handschellen angelegt. Die Männer, die aus der Kneipe kamen, haben sich für mich eingesetzt. Aber die Polizei wollte nichts davon wissen. Das Mädchen war eine Thailänderin und seine Frau. Ich erhielt eine Anzeige wegen gefährlicher Körperverletzung und Sachbeschädigung. Bei der Vernehmung sagte mir die Beamtin:

«Herr Saad, es war sehr ehrenhaft, dass Sie der Frau geholfen haben, aber warum mussten Sie den Mann so zurichten?»

Ich antwortete ihr, dass er durch mich gelernt habe, wie schmerzhaft es ist, geschlagen zu werden und wie feige es außerdem ist, eine Frau zu schlagen. «Sie haben ihn ja nicht einmal festgenommen, durch Sie hätte er es nie gelernt. Ich dagegen wurde festgenommen und wie ein Straftäter behandelt, und dann wundern Sie sich, warum niemand helfen möchte, wenn was passiert.»

2002 ereignete sich ein anderer Fall, bei dem eine Polizistin überreagiert hat. Ich denke, dass ich später vor Gericht nur

Recht bekommen habe, weil ich einen Zeugen hatte, der Polizist im Ruhestand ist. Ich suchte einen Parkplatz und konnte sehen, wie eine Frau ihr Kind ins Auto setzte. Ich fragte sie, ob sie rausfahren würde und sie sagte ja. Also stellte ich mich in die zweite Reihe und wartete ab, dass die Frau rausfährt, damit ich parken konnte. Plötzlich hörte ich eine Durchsage durch den Lautsprecher eines Funkwagens: «Der grüne Renault fährt sofort weiter!» Ich versuchte den Beamten durch Zeichen klar zu machen, dass ich nur warten würde, bis die Parklücke frei würde. Dann standen sie neben mir und durch die Fensterscheibe forderte mich die Beamtin auf, umgehend weiterzufahren. Ich erklärte ihr, warum ich hier stehe. Sie stieg aus und sagte mir:

«Sie sollen weiterfahren, sind sie Sie taub?»

«Ich will in dieser Parklücke parken, sind Sie blind?»

Als ich dann schließlich doch eingeparkt hatte, wollte sie mir einen Strafzettel wegen «Parken in zweiter Reihe mit Behinderung» geben. Ein Bekannter von uns, den wir besuchen wollten, hatte die Situation beobachtet und später Stellung dazu genommen. Warum musste die Beamtin so reagieren? Ich war freundlich und mir keines Fehlers bewusst. Solche Vorfälle machen ein friedliches Zusammenleben nicht gerade leicht und die Jugendlichen bauen wegen solchen Situationen ihren Hass auf.

Andererseits verstehe ich auch einige Beamte, wenn ich daran denke, wie sich manche Jugendlichen benehmen. Das respektlose Auftreten gegenüber den Beamten erzeugt Wut und manchmal auch Hass. Ich habe Situationen erlebt, in denen sich unsere Jugendlichen unter aller Sau benommen haben und ich mir dachte, ich hätte dem schon längst eine hinter die Ohren gegeben. Es reicht manchmal aus, dass ein Jugendlicher beim Schwarzfahren erwischt wird. Für manche ist das Grund genug, völlig auszurasten.

Einmal habe ich mich eingemischt, als zwei Beamte einen türkischen Jugendlichen festnehmen wollten und damit ihre Schwierigkeiten hatten. Sie wollten ihm Handschellen anlegen, aber er hat sich so gewehrt, dass die Beamten Tränengas eingesetzt haben. Allerdings ohne Erfolg. Ich ging zu dem Jugendlichen hin und sagte ihm, er soll aufhören, sich zu wehren, aber er reagierte nicht. Also mischte ich mich ein, warf den Jugendlichen zu Boden und hielt ihn fest, damit die Beamten ihm die Handschellen anlegen konnten.

Ein anderer Fall ereignete sich zur Zeit meiner Arbeit in der Diskothek. Wir hatten die Polizei gerufen, weil sich zwei Gäste nicht beruhigen lassen wollten und andere Gäste genötigt haben. Als sie dabei waren, die Zwei zu beruhigen, fing ein anderer an, die Polizei zu provozieren. Er beleidigte die Beamten und spuckte vor ihnen auf den Boden. Da sagte der Beamte: «Wenn Sie nicht damit aufhören, werden wir Sie mitnehmen!»

Jugendlicher: «Ach ja? Halt die Schnauze, Bulle!»

Beamter: «Es reicht langsam, ist gut jetzt!»

Jugendlicher: «Ich rufe jetzt die Polizei an und lasse mal richtige Bullen kommen, das sind Freunde von mir vom Abschnitt Eiswaldstrasse, dann werdet Ihr schon sehen!»

Ich sagte zu dem Polizisten: «Wenn dieser Jugendliche das in unserem Land machen würde, wäre er schon längst weg. Die Polizei würde ihn mitnehmen und niemand wüsste, wohin er gebracht worden ist. Warum nehmen Sie ihn nicht fest?»

Beamter: «Was soll ich denn machen, mir sind die Hände gebunden. Wenn ich ihn jetzt mitnehme, kommt er gleich wieder raus und lacht mich aus. Wenn ich ihn anfasse und in den Wagen zwinge, zeigt er mich an wegen Körperverletzung.»

Ich: «Ja, aber irgendwo ist auch mal Schluss, Sie müssen sich ja nicht alles gefallen lassen, wir würden nicht so lange damit warten.»

Jugendlicher: «Na, du Scheiß-Bulle, hast wohl Angst, mich anzufassen, warum versuchst du mich nicht anzufassen, damit ich dir die Fresse polieren kann?»

Der Jugendliche hörte nicht auf, die Beamten zu beschimpfen und legte es darauf an, sich mit ihnen zu schlagen. Erst als er den Beamten zu nahe kam, versuchten sie ihn festzunehmen. Er wehrte sich und die Beamten hatten Schwierigkeiten, ihm Handschellen anzulegen und ihn ins Auto zu verfrachten. Gemeinsam mit einem Kollegen von mir haben wir dann den Jugendlichen zu Boden gebracht und ihn, nachdem die Polizei ihm Handschellen angelegt hatte, in den Funkwagen gesetzt.

In beiden Situationen waren die Beamten nicht in der Lage, die Jugendlichen festzunehmen. Das lag auch daran, dass die Beamten schon älter waren und keine Autorität besaßen beziehungsweise sich keinen Respekt vor den Jugendlichen verschaffen konnten. Ich gebe daran nicht den Beamten die Schuld. Denn natürlich sollten die Jugendlichen von sich aus mehr Respekt haben, ruhig bleiben und nicht aggressiv werden. Aber wie es in den Wald hineinruft, so schallt es zurück. Wenn ich einen Jugendlichen habe, der sich nicht beruhigt, sollte die Polizei auch in der Lage sein, dominanter zu sein. Natürlich verstehe ich auch die Beamten, wenn sie sagen, dass, wenn sie einen festnehmen, sie ihn doch gleich wieder rauslassen müssen und sich anschließend noch von ihm auslachen lassen müssen. Es ist mit Sicherheit kein leichter Job, vor allem aber einer, für den man viel Fingerspitzengefühl braucht.

«Rudelbildung» oder: Wie Jugendliche zusammenhalten

Die Polizei erlebt es während ihrer Arbeit täglich. Es reicht schon aus, dass sie einem Jugendlichen wegen Falschparkens einen Strafzettel geben möchte. In weniger als zwei Minuten haben sich mindestens zwei bis drei andere Jugendliche versammelt und mischen sich ein (die Presse nennt das «Rudelbildung»). Wenn es dann noch etwas lauter wird, kommen noch weitere Jungs dazu. Warum aber ist das so? Wie kommt es, dass die Jugendlichen (insbesondere mit Migrationshintergrund) so sehr zusammenhalten? Wenn ich eine verletzte Person auf der Straße liegen sehe und weiterlaufen würde, dann könnte ich eine Anzeige wegen unterlassener Hilfeleistung bekommen. Trifft das auch zu, wenn ich einen Jugendlichen in den Händen der Polizei sehe und weiterlaufe? In diesem Moment machen wir keinen Unterschied, ob jemand körperlich verletzt wird oder in seiner Persönlichkeit verletzt wird. Auch wenn es natürlich nicht immer zutrifft, gehen wir doch davon aus, dass der größere Teil der Polizisten sehr mit Vorurteilen belastet ist und dass der Jugendliche daher sicher von ihnen diskriminiert wird. Es ist auch schon vielen Jugendlichen passiert, dass sie, nachdem sie in einem Mannschaftswagen in die Gefangenensammelstelle (Gesa) gebracht worden sind, Gewalt durch die Polizei kennen lernen mussten.

Wir merken die Diskriminierung schon daran, wie wir auf der Straße von der Polizei angesprochen werden. Der Ton macht bekanntlich die Musik und die Polizisten haben nicht immer einen angemessenen Ton drauf. Ich meine damit, dass manchmal viel zu grob rangegangen wird, obwohl kein Anlass dafür besteht. Wenn ich die Martinshörner der Polizei höre, schaue ich, ob sie irgendwo in der Nähe anhalten. Wenn ja, gehe ich sofort hin, um zu schauen was los ist. Mir ist es

egal, ob sie einen Deutschen oder einen Nichtdeutschen mitnehmen wollen. Wenn ich merke, dass sie ihn diskriminierend
behandeln, mische ich mich ein und biete mich als Zeuge an;
genauso, wenn es andersrum zugeht, wenn also die Polizei
angegriffen oder beschimpft wird, dann biete ich mich auch
als Zeuge an. Der Zusammenhalt unter uns Nichtdeutschen
ist sehr stark. In dem Moment, wo ein anderer Migrant angegriffen wird, sind wir sofort zur Stelle. Das gilt auch für
den Fall, dass wir in Not sind und jemanden anrufen. Dann
kommen auch in kürzester Zeit die Freunde und Verwandten
dazu und meist wird dann, wie man so schön sagt, «aus einer
Mücke ein Elefant».

Leider gibt es auch genügend Typen, die genau das ausnutzen. 1999 rief mich mal ein Kumpel an und sagte: «Fadi, wo
bist du? Komm schnell und bring ein paar Leute mit, ich werde
hier in einem Auto festgehalten!»

«Wo soll ich hinkommen?»

«Ich bin Kutschi (Kurt-Schumacher-Platz)!»

«Okay, ich bin in fünf Minuten da, warte auf mich!»

Ich machte mich auf den Weg und habe dabei noch andere
Freunde angerufen. Fünf Minuten später waren wir mit drei
Autos und sieben Leuten vor Ort und machten uns erst mal
ein eigenes Bild. Es stellte sich raus, dass mein Kumpel eine
Stunde zuvor den Jungs, mit denen er jetzt Ärger hatte, zwanzig Gramm Marihuana abgezogen hatte. Es war eindeutig,
dass mein Kumpel selbst schuld war, also blieb mir nichts anderes übrig, als ihn aus dem Auto zu holen und zu versuchen,
die Angelegenheit zu schlichten. Er wusste genau, wenn er
Schwierigkeiten hat, sind wir alle gleich da, also provozierte er
die Leute und rief uns dann an. Er war aber enttäuscht, wenn
wir nichts unternahmen, wie zum Beispiel die Jugendlichen,
mit denen er Ärger hatte, zu verprügeln. Später dann klärte er
seine Angelegenheiten mit anderen Freunden.

Polizei im Kiez

Wann hat man schon mit der Polizei zu tun? Entweder, jemand möchte seinen Pass verlängern, es gab einen Autounfall oder es ist irgendetwas anderes geschehen. Aber einfach so die Polizei kennen zu lernen ist selten. Im Rollbergviertel lernte ich viele Polizisten kennen und ich war sehr überrascht. Ich hätte nie gedacht, dass es auch so nette und hilfsbereite Beamte gibt. Ich denke, dass die Beamten im Viertel auch gesehen haben, dass nicht alle arabischen Jugendlichen Kriminelle sind. Jedenfalls planten und führten wir mehrere Projekte gemeinsam mit den Jugendlichen und dem Abschnitt durch. Ein Beispiel: An jedem 1. Mai findet eine riesige Veranstaltung im Kiez statt: «Spielen statt Steine werfen». Mit dieser Veranstaltung konnten viele Jugendliche für das Fest gewonnen werden, statt dass sie an den 1. Mai-Randalen teilnehmen. Ebenso wurden die Jugendlichen für die jährliche Veranstaltung der Berliner Polizei, «Tag der offenen Tür», in die Planung mit einbezogen. Es wäre für einen Außenstehenden nicht vorstellbar, dass Jugendliche mit Migrationshintergrund, die man sonst ja nur negativ aus den Medien kennt, gemeinsam mit den Beamten an einem Tisch sitzen und sich bei einer Tasse Tee unterhalten. Die Jugendlichen konnten sich aus erster Hand informieren und sich den einen oder anderen Ratschlag holen. Es gab schon viele Projekte mit guten Erfolgen; aber einen Nachteil hatten die meisten Projekte dennoch.

Befristete Projekte

Projekte, die von den Vereinen durchgeführt werden, sind meist auf sechs oder neun Monate befristet und das hat im sozialen Bereich seine Nachteile. Denn kaum konnte das Vertrauen der Bewohner gewonnen werden, schon ist das Projekt abgelaufen oder das Team muss gewechselt werden. Denn die Bestimmungen der Projekte lassen nicht zu, dass ein Mitarbeiter zweimal im gleichen Projekt arbeitet. Dies war besonders bei Projekten vom Arbeitsamt (ABM, SAM, MAE) der Fall. Die Vereine leben von solchen Projekten und sind auch ständig bemüht, mit neuen Konzepten an Projektmittel ranzukommen. Für die Langzeitarbeitslosen ist ein solcher Zusatzverdienst (beim 1-Euro-Job ca. 198,- € im Monat) zwar kein großes Einkommen, aber sie lernen dafür andere Leute kennen. Vor allem aber haben sie wieder eine Aufgabe und können ihr Wissen, ihre Fertigkeiten und ihre Kenntnisse zeigen und bekommen dafür Anerkennung. Für viele ist es eine Chance, ihr Können zu beweisen und wieder in einen geregelten Tagesablauf zu kommen. Wenn dann ein Projekt abgelaufen ist, fließen auch schon mal hier und da die Tränen und die Kinder fragen dann, warum gehst du jetzt von hier weg? Magst du uns nicht mehr? Haben wir was getan? Sie fühlen sich, als wären sie an dem Ganzen schuld. Jeder, der solch eine Maßnahme besucht hat, weiß, wovon ich rede.

Das Schlimmste an befristeten Projekten ist, dass die Mitarbeiter keine Sicherheit haben, ob ihr Projekt verlängert wird. Sie können schlecht für die Zukunft planen oder etwas auf Kredit machen. Wenn die Banken nach dem Arbeitsvertrag fragen, sehen sie, dass das Arbeitsverhältnis befristet ist und geben ihnen keinen Kredit oder Ähnliches. Natürlich trifft das auch für die Suche nach einer Wohnung zu, wenn die Hausverwaltung nach Lohnabrechnungen oder dem Arbeitsvertrag fragt. Wenn der Mitarbeiter nach Ablauf des Projektes die Arbeitsstelle wechselt, bekommt er wieder einen Arbeitsvertrag mit einer Probezeit von bis zu sechs Monaten, obwohl das Projekt eventuell nur für zehn Monate läuft. Andererseits ist es natürlich immer noch besser als überhaupt keinen Job zu haben. Das Schöne daran ist, dass ich durch die verschiedenen Stellen viele neue Erfahrungen sammeln konnte und manchmal war ich auch froh, als das eine oder andere Arbeitsverhältnis beendet war.

Der 1-Euro-Job

Meiner Meinung nach haben diese so genannten 1-Euro-Jobs (MAE, Mehraufwandsentschädigung) Vor- und Nachteile. Die Nachteile sind, dass einige Träger die billigen Arbeitskräfte ausnutzen. Nicht zu vergessen, dass sie auch die Zuschüsse, die sie für eine so genannten Qualifizierung der Mitarbeiter erhalten, nicht immer zweckgemäß einsetzen. Mit den MAE-Kräften wird teilweise auch so erniedrigend umgegangen, als wären sie in dieser Gesellschaft nichts wert. Die Vorteile sind natürlich, dass die Träger ihre Angebote ausweiten können, ohne dass zusätzliche Kosten entstehen. Für viele Träger sind diese Mitarbeiter deshalb nicht mehr wegzudenken. Aber es führt natürlich auch dazu, dass eine untere Schicht im Betrieb entsteht. Die hauptamtlichen Mitarbeiter fühlen sich dem 1-Euro-Jobber gegenüber als was Besseres. Als ich mal in einer sozialen Einrichtung gearbeitet habe, konnte ich das genau beobachten.

Ein langjähriger hauptamtlicher Mitarbeiter sprach mit einer MAE-Mitarbeiterin immer auf eine sehr erniedrigende Art. Egal, was die Mitarbeiterin sagte, er antwortete ihr mit: «Du bist hier nur eine MAE-Kraft, hast du verstanden?» Ich habe mich dann mit ihm auseinandergesetzt und ihm klar gemacht, dass ich solche Äußerungen nicht dulde und das nicht als Mitarbeiter, sondern als Mensch. Eine MAE-Kraft arbeitet 30 Stunden in der Woche und verdient nicht einmal ein Viertel von dem, was er hier verdient; sie arbeitet aber mindestens genauso viel und gut wie er. Ich erwarte von ihm also, dass er mehr Respekt gegenüber den Mitarbeitern hat und auch vor den Kindern im Haus.

Ein anderer Sozialarbeiter verteilte Aufgaben an die MAE-Kräfte. Einer der Aufträge war es, dass die MAE-Kraft in eine der Mülltonnen steigt, um die zuvor reingeschmissenen Bauplatten rauszuholen. Die MAE-Kraft weigerte sich, aber der Sozialarbeiter ließ nicht locker: «Wenn du da nicht reinkletterst, brauchst du morgen nicht mehr kommen!»

Das sind nur ein paar Beispiele, die zeigen wie mit den so genannten Billig-Kräften umgegangen wird. Aber es gibt auch gute Beispiele; wenn beispielsweise aus MAE-Kräften Honorarkräfte werden. Wir hatten MAE-Kräfte, die so zuverlässig und talentiert waren, dass sie Honorarverträge bekommen haben. Sie hatten sich so gut mit den Kindern und Familien verstanden, dass sie kaum noch wegzudenken waren.

Es gibt auch welche, die vergessen, dass sie mehr als 198,00 € verdienen. Sie bekommen diese Summe zusätzlich zu ihren Hartz IV-Zahlungen, aber dieses Einkommen wird nicht mit berechnet. Ich machte manchmal für den einen oder anderen eine Aufstellung dessen, was er verdient und verglich es mit dem, was er brutto verdienen müsste, um netto das rauszubekommen, was er jetzt verdient. Da waren sie schon verwundert, über das, was sie tatsächlich verdienen.

Vom zweiten in den ersten Arbeitsmarkt

Ende 2004 gab es eine Stellenausschreibung vom Nachbarschaftsheim Neukölln e.V. Gesucht wurde eine Verwaltungsfachkraft für 30 Stunden in der Woche und ein Arbeitsverhältnis im ersten Arbeitsmarkt. Mithilfe der damaligen Mitarbeiter des Quartiersmanagementbüros Rollberg habe ich meine Bewerbungsunterlagen fertig gemacht und mich beim Nachbarschaftsheim Neukölln vorgestellt. Mein Arbeitsverhältnis hat am 01.01.2005 angefangen und mein Aufgabenbereich lag in der Verwaltung, inoffiziell auch im sozialen Bereich. Hier konnte ich schließlich meine Erfahrungen aus dem Rollbergviertel einsetzen und neue Freizeitangebote für die Familien mit arabischem Hintergrund anbieten. Einige der Familien, die ich im Rollberg begleitet hatte, sind mir sogar in den Körnerkiez zum Nachbarschaftsheim gefolgt. Auch hier waren meine Arabischkenntnisse von Bedeutung, da viele Kinder arabischer Herkunft sind und auch hier oft übersetzt werden musste. Auch in diesem Kiez lernte ich die ansässigen Vereine und Schulen kennen. Abgesehen davon kannte ich schon einige Familien und Jugendliche aus meiner Arbeit im Rollbergviertel. Ich wurde einige Male vom Vorstand darauf hingewiesen, dass meine Arbeit hier in der Verwaltung liegt und nicht im sozialen Bereich. Das Nachbarschaftsheim wird von Familien deutscher und nichtdeutscher Herkunft besucht, aber bis auf einen türkischen Erzieher gab es keine Mitarbeiter arabischer oder türkischer Herkunft. Meine Arbeit in der Verwaltung machte mir weniger Spaß als die Arbeit vor Ort. Also wollte ich unbedingt raus und hörte von einem neuen Projekt in Kreuzberg, das mit Schülern aus den Haupt- und Gesamtschulen zu tun hat. Ziel des Projekts war es, die Schüler beim Übergang von der Schule in den Beruf zu unterstützen.

Die Arbeit an den Schulen

Nachdem ich zum Mai 2007 meine Arbeit im Nachbarschaftsheim Neukölln beendet hatte, trat ich meine Arbeit bei einem Träger in Kreuzberg an. Das Projekt richtete sich an Schülerinnen und Schüler der Hauptschulen und Gesamtschulen sowie an Jugendliche aus Kreuzberg und Friedrichshain. Ziel des Projekts war es, die Schüler und Jugendlichen beim Übergang von der Schule in den Beruf zu begleiten. Die Idee, diese Lücke zu schließen, ist gut und auch für die Zielgruppe dringend nötig. Hierzu hat der Träger sehr darauf geachtet, dass ein Team zusammengestellt wird, das aus verschiedenen Kulturen und aus verschiedenen Bereichen kommt. Es gibt drei Anlaufstellen, die die Jugendlichen aufsuchen können und dann von Case-Managerinnen und Case-Managern beraten und weiter begleitet werden. Zusätzlich zu dem Case-Management bildeten wir ein mobiles Team, bestehend aus einer kurdisch-türkischen Sozialarbeiterin und mir, einem arabisch sprechenden Jugendberater. Wir hatten den Auftrag, die Schüler in den Schulen zu beraten und sie bei Bedarf in das Case-Management weiterzuleiten.

Das Konzept hat sich in den Schulen bewährt, vor allem da wir die drei Hauptsprachen der Schüler sprechen und selber auch noch jung sind. Die Schüler konnten sich mit uns identifizieren und wir konnten in einigen Fällen auch in die Elternhäuser gehen und so Meinungsverschiedenheiten lösen. Ich kann mich noch recht gut an meinen ersten Tag vor einer Hauptschule in Kreuzberg erinnern. Der Schulhof wurde videoüberwacht und das Eingangstor der Schule in den Pausen von Lehrkräften verriegelt. Auf dem gesamten Schulhof konnte ich nur Schüler nichtdeutscher Herkunft entdecken; viele der Mädchen trugen Kopftücher und die Jungs liefen rum wie in einem Musikclip oder als würden sie zum Sportunterricht gehen. Was ich besonders lustig fand, ist, dass die Schüler Kopfhörer in den Ohren hatten und Musik hörten und sich gleichzeitig miteinander unterhalten konnten. Meinen Auftrag zu erfüllen, nämlich die Schüler in Ausbildungsbetriebe zu vermitteln, war hier nicht so einfach, denn in Kreuzberg, wie auch in vielen anderen Bezirken, sind die

Schüler noch nicht reif für eine Ausbildung. Ihnen fehlt es an wichtigen Kompetenzen wie Zuverlässigkeit, Lern- und Leistungsbereitschaft oder Deutschkenntnissen. In den Schulen gab es auch die so genannten I-Kinder (Integrationskinder). Das waren meist Schülerinnen und Schüler, die seit ein oder zwei Jahren in Deutschland leben und so gut wie kein Deutsch sprechen können. Ich habe die Lehrerinnen und Lehrer hier sehr bewundert, für ihre Geduld und Kraft mit Schülern aus verschiedenen Ländern und Kulturen zusammenzuarbeiten, die kein Deutsch verstehen.

Jedenfalls versuchte ich, die Schüler der neunten und zehnten Klassen dazu zu bringen, sich mit ihrem Leben auseinanderzusetzen und sich im Klaren darüber zu sein, dass es an der Zeit ist, erwachsen zu werden. Was zum Beispiel bedeutet, nicht erst um zehn Uhr in der Schule aufzukreuzen, wenn der Unterricht um acht Uhr beginnt.

Den Schülern Perspektiven aufzuzeigen, war nicht immer leicht. Nehmen wir zum Beispiel einen Jugendlichen, der die Schule mit einem guten mittleren Schulabschluss verlassen wird und sich für seine Zukunft viel vorgenommen hat, aber hier nur mit einer Duldung lebt. Dieser Jugendliche würde sich gern integrieren und eine gute Ausbildung machen, aber er kann es nicht, da er keine Arbeitserlaubnis bekommt. Wie kann ich diesem Jugendlichen eine Perspektive bieten? Solche oder ähnliche Fälle sind in Kreuzberg und Neukölln keine Seltenheit. Ein großer Teil der hier lebenden Jugendlichen lebt mit einem ungeklärten Aufenthaltsstatus.

Aber wie bei vielen Projekten dieser Art achtet man eher auf Quantität und als auf Qualität. Es war nicht wichtig, ob ich den Jugendlichen helfen oder sie beraten konnte, sondern eher, dass ich möglichst viele erreiche und weitervermittle. «Du bist kein Sozialarbeiter an den Schulen, also bleib dabei, dass du die Schüler in den Fragen der Berufsorientierung berätst und nicht versuchst, ihre privaten oder andere Sorgen zu klären», sagte mir mein Projektleiter. Obwohl ich ihm sagte, dass es keinen Sinn hat, Energie darauf zu verwenden, einen Schüler irgendwo unterzubringen, wenn er in drei Tagen eh wieder rausfliegt, weil er zu spät kommt oder sich im Betrieb nicht benehmen kann. Also gehört es dazu, den Schülern die Werte unserer Gesellschaft zu vermitteln und ihnen einige Kompetenzen wie Zuverlässigkeit, Lern- und Leistungsbereitschaft und Kommunikationsfähigkeit beizubringen. Aber der Träger ließ nicht von seinem Konzept ab. Ein Konzept, das von oben kommt und nicht von jemandem gemacht worden ist, der mit der Materie vor Ort vertraut ist.

Was ist ein Quartiersmanager?

«Hallo Fadi, was machst du beruflich?» «Ich bin Quartiersmanager!» «Was ist ein Quartiersmanager und welche Aufgaben hat er?» Fragen wie diese bekomme ich öfter gestellt. Einige glauben, wir vermieten Quartiere, also Wohnungen. Und wenn ich sage, dass ein Quartier ein Kiez ist, dann verbinden sie es mit dem Kiez in Hamburg. Und wenn ich in den Medien vorgestellt werde, dann als Sozialarbeiter, Streetworker oder Jugendbetreuer. Kurz gesagt: Kaum einer kennt den Beruf «Quartiersmanager».

Auch als ich beim Jugendaustausch in Frankreich war, konnte niemand mit dem Beruf etwas anfangen. Aber einige der Teilnehmer aus Frankreich sagten: «Was wir hier in den Vororten von Paris brauchen, ist eine Institution, die Geld hat, sich im Gebiet auskennt und die hier lebenden Menschen in ihrer Kultur versteht.» Darauf sagte ich: «Also braucht ihr ein Quartiersmanagement.» Sie wurden neugierig und ich sagte ihnen: Gemeinsam mit den «Starken Partnern» (Wohnungsbaugesellschaften, Stadtteilzentren, Nachbarschaftsheimen, Schulen, Kitas und der ortsansässigen Wirtschaft) im Gebiet initiieren und begleiten wir Quartiersmanager Projekte und Aktionen, die die Lebensperspektiven und das Gemeinschaftsgefühl der Bewohner verbessern und das Wohnumfeld attraktiver machen. Hierzu steht eine Finanzierung durch das Bund-Länder-Programm «Die Soziale Stadt» und dem «Europäischen Fonds für Regionale Entwicklung» (EFRE) der Europäischen Union zur Verfügung.

Das Programm «Soziale Stadt» dient der Stabilisierung und Weiterentwicklung von Stadtteilen mit besonderem Entwicklungsbedarf. Einen besonderen Entwicklungsbedarf gibt es dort, wo mehrere Faktoren der Stadtentwicklung zusammenkommen und sich Probleme überlagern und verstärken, wie zum Beispiel Defizite in der Infrastruktur, wirtschaftliche Stagnation auf niedrigem Niveau, eine unausgewogene Bevölkerungsentwicklung, hohe Arbeitslosigkeit, ein hoher Grad an Abhängigkeit von Transfereinkommen und eine meist große Anzahl von Menschen mit Migrationshintergrund. Als Konsequenz nimmt die soziale Ungleichheit zu, es gibt Anzeichen von Verwahrlosung, eine zunehmende Gewaltbereitschaft innerhalb des öffentlichen Raums, die Kriminalität steigt an, das Image dieser Gebiete verschlechtert sich und häufig verlassen dann Familien, Erwerbstätige und einkommensstärkere Haushalte solche Stadtteile. Dabei gibt es ungenutzte Chancen und Potentiale der Menschen und ihrer Stadtteile. Zumeist mangelt es an Kommunikation und Selbstorganisation. Sie zu wecken, ist ein Anliegen des Programms und Aufgabe des Quartiersmanagements.

Durch meine Arbeit im Rollbergviertel und im Nachbarschaftsheim Neukölln lernte ich, mit Menschen verschiedener Herkunft zusammenzuarbeiten und Lösungen für die Probleme von Migrantenfamilien zu finden. Schnell konnte ich mich in das Netzwerk von Projekten und Vereinen einfinden und fand viele Gelegenheiten, die Arbeit im Kiez zu unterstützen. Da ich für andere Menschen immer ein offenes Ohr habe und kommunikativ bin, habe ich im Rollbergviertel und im Körnerkiez das Vertrauen vieler Bewohner gewinnen können. Ich arbeite sehr gerne in den multikulturellen Kiezen von Berlin und wollte mich weiterhin für die Verbesserung der Beziehungen der Menschen untereinander einsetzen. Nachdem ich im Rollbergviertel die Arbeit des Quartiersmanagements kennen gelernt hatte, wollte ich unbedingt ein Quartiersmanager werden – und ich habe mein Ziel erreicht.

Seit Juli 2006 gehöre ich zum Vor-Ort-Team des *Quartiersmanagement Körnerpark* in Neukölln. In diesem Gebiet leben rund 10600 Menschen unterschiedlicher Kulturen und Nationalitäten. Bislang hatte ich immer Projekte beantragt und durchgeführt. Aber ab jetzt hieß es, die Projekte zu begleiten, aber nicht selbst durchzuführen. Ich brauchte meine Zeit, bis ich mich daran gewöhnte hatte.

Gemeinsam mit einem sehr engagierten Polizisten, Karl-Heinz Gaertner, des Polizeiabschnitts 55 überlegten wir, wie wir die Vorurteile der Jugendlichen gegenüber der Polizei und die der Polizei gegenüber den Jugendlichen abbauen können? Wir wollten vor allem eine gewaltfreie Zone im Kiez schaffen, denn ein besonderes Problem bei den Jugendlichen ist das Tragen von Messern. Da uns der Sport als eine geeignete und bewährte Methode erschien, haben wir uns für ein Fußballturnier entschieden und so ist der *KörnerCup* unter dem Motto «Gemeinsam für Toleranz und Respekt» entstanden. Mit diesem Turnier haben wir es geschafft, dass sechzehn Mannschaften an einem Tag gemeinsam spielten. Dass die Polizei mit einer eigenen Mannschaft antrat, war ein wesentlicher Aspekt des Projekts, ebenso, dass die Gewerbetreibenden, die

Feuerwehr, die Schulen im Kiez, zwei Teams von Bewohnern, sowie je eine Frauen- und eine Mädchenmannschaft dabei waren. Der *KörnerCup 2007* wurde zu einem großen Erfolg und die Nachfrage nach dem nächsten Turnier ist von allen Beteiligten groß. Der nächste KörnerCup war deshalb für Ende Mai 2008 vorgesehen. Aber was war das Geheimnis dieses Turniers? Das Geheimnis war ganz einfach: Egal, was jemand von Beruf war oder woher er kam, für alle Spieler galten dieselben Regeln, alle trugen Sportkleidung und alle sind sich auf gleicher Ebene begegnet. Das ist natürlich nur ein kleines Projekt unter vielen anderen, die im Kiez stattfinden. Aber jedes einzelne dieser Projekte bringt Menschen zusammen.

Ein besonderer Grund für die erfolgreiche Arbeit ist hier, dass die eingereichten Konzepte überwiegend von Akteuren vor Ort eingereicht werden und dass alle Projekte vom Quartiersbeirat besprochen und beschlossen werden. Der Quartiersbeirat ist ein Zusammenschluss aus Bewohnern, Gewerbetreibenden, Schulen und sozialen und kulturellen Initiativen aus dem Quartier. Er trifft sich einmal im Monat und entscheidet über die Vergabe der Mittel. Durch die Stadtteilzeitung «Körnerpost» wird über alle Projekte informiert und so erfahren die Bewohner, wofür das Geld ausgegeben wird.

Wie immer bei der Vergabe von Fördermitteln entstehen auch hier Umstände und Verpflichtungen für die Antragsteller: Sie müssen sich an die Vertragsbedingungen halten und die Projekte abrechnen, wobei wir sie auch unterstützen. Aber welche anderen Möglichkeiten gibt es noch, um Begegnungsmöglichkeiten zu schaffen?

Grundlagen für einen Dialog

Es gibt viele Wege um Möglichkeiten zu einer Begegnung oder einem Dialog zu schaffen. Hauptsache, die zwei wichtigsten Regeln werden eingehalten. Die erste Regel ist Respekt gegenüber dem anderen zu haben. Die zweite Regel heißt Toleranz. Wenn ich mit einem Menschen ein Dialog führen möchte, muss ich diesen auf gleicher Ebene führen und nicht von oben herab. Und genau das fällt vielen Menschen schwer. Ich habe viele Sozialarbeiter, Lehrer, Eltern und auch Beamte dabei beobachtet, wie sie sich mit Kindern und Jugendlichen unterhalten. Dabei machen fast alle immer den gleichen Fehler. Sie wollen die Kinder belehren und ihnen meist in einer befehlenden Art und Weise sagen, was sie zu tun haben. Also nach dem Motto: Ich bin was Besseres und jetzt werde ich den Kleinen mal zurechtweisen. Dann fällt die Frage: «Warum hast du das getan?» Und bevor der Kleine antworten kann, kommen schon die nächsten Fragen wie: «Habe ich dir nicht gesagt, dass du...?» «Solltest du nicht...?» «Was habe ich dir dazu gesagt?» Mensch, wir sollten mal hören, wie wir mit den Kleineren sprechen und sie dabei noch kleiner machen, als sie ohnehin schon sind.

Noch schlimmer ist es bei unseren Migranten. Wenn es hier mal einer in eine höhere Position, wie Geschäftsführer oder Projektleiter, geschafft hat, kennt er plötzlich keinen mehr und hält sich für etwas ganz Besonderes. Und wenn jemand mit ihm sprechen möchte, muss er mit ihm einen Termin vereinbaren, selbst wenn er Zeit hätte. Damals in meiner Ausbildung hatte ich das Thema «Kommunikation» in der Schule und ich empfand dieses Thema als eines der interessantesten von allen. Vor allem die Punkte diagonale und horizontale Kommunikation haben mich sehr begeistert, denn hier habe ich gelernt, wie wichtig es ist, dass ich Gespräche mit anderen Personen auf der horizontalen Ebene führen muss. Als zweiten Schwerpunkt hat mich in dem Fach das Thema «Sender und Empfänger in einer Kommunikation» fasziniert. Eigentlich ist es ja logisch, wenn ich mit jemanden sprechen möchte, muss ich sicher stellen, das dieser mich versteht und ich ihn. Dann lernte ich auch zu beachten, dass nicht alles so empfangen wird, wie ich es zu senden meine.

Ein weiterer Fehler, den wir unseren Kindern vormachen und an sie weitergeben, ist, dass wir sie anschreien, wenn wir mit ihnen reden wollen. Damit lehren wir, dass der, der lauter schreit, Recht hat. Dann ist es doch nicht überraschend, dass unsere Kinder nie gelernt haben, sich verbal auseinanderzusetzen und dass Probleme auch gewaltfrei gelöst werden können. Ganz zu schweigen davon, dass viele mit Gewalt im Elternhaus aufwachsen. Wenn wir ehrlich mit uns sind, müssen wir zugeben, dass Schreien auch eine Art von Gewalt ist, denn sie tut einem seelisch weh. Jeder von uns, der schon einmal angeschrien worden ist, weiß wie erniedrigend und schmerzhaft das ist. Wenn dann das Kind das macht, was der schreiende Erwachsene wollte, glaubt dieser auch noch, gewonnen zu haben und vergisst dabei, dass das Kind nur Angst und keinen Respekt hat. Und deshalb sage ich den Eltern, macht eure Kinder zu euren Freunden. Mein Vater hatte mir immer wieder gesagt, Freunde zu gewinnen ist schwerer, als sich Feinde zu machen. Dabei kann es auch viel leichter gehen, es gibt Fragen, die kann man sich sparen und andere wiederum können sehr interessant sein, wie zum Beispiel: «Wie war dein Tag?»

«Wie war dein Tag?» – Dialog mit Jugendlichen

Ich habe Kinder und Jugendliche kennen gelernt, die auf diese Frage kaum richtig antworten können, beziehungsweise nur mit einem Wort wie «gut» oder «beschissen» antworten. So könnte ein Dialog mit einem Schüler aussehen:

Ich: «Wie war die Schule heute?»

Schüler: «Geht so!»

Ich: «Warum geht so?»

Schüler: «Darum!»

Ich: «Was ist denn passiert?»

Schüler: «Ach, heute in der Klasse!»

Ich: «Ja, was war denn heute in der Klasse?»

Schüler: «Ach, ich habe Ärger bekommen!»

Ich: «Warum hast du Ärger bekommen?»

Ich muss ihnen alle Antworten aus der Nase ziehen, da sie es nicht gewohnt sind, etwas über ihren Tag zu erzählen oder dass sich jemand für sie und das, was sie zu erzählen haben, interessiert. Es fällt ihnen schwer, ein Gespräch zu führen, nicht immer nur was erzählt zu bekommen, sondern selber mal etwas zu erzählen. Schuld daran ist auch das Internet, in dem die Jugendlichen jeden Tag stundenlang surfen. In Chat-Räumen, in denen sie sich mit anderen Freunden treffen, schicken sie sich gegenseitig eine Art Telegramm. Um nicht viel schreiben zu müssen, gibt es Abkürzungen, die sie benutzen wie «LG = Liebe Grüße», «WE = Wochenende» oder «HDL = Hab Dich Lieb». Dabei scheinen sie zu verlernen, ohne Verkürzung zu erzählen. Lehrer können mir darin vielleicht Recht geben, denn auch in den Schulen ist mir aufgefallen, dass die Schüler bei Nacherzählungen Inhalte oft extrem abkürzen. Sie kürzen die Geschichten dermaßen ab, dass bei einem Krimi der Täter schon nach dem zweiten Satz erwischt wird. Es muss schon was Besonderes passiert sein, etwas was ihnen besonders gefallen hat, damit sie von sich aus mehr als nur ein paar Sätze erzählen.

FAQ – warum und weshalb ist dies oder das so?

«Ausländer» oder «Deutscher mit Migrationshintergrund»?

Eine sehr umstrittene Frage: Wie heißt es nun richtig, welchen Begriff kann man benutzen ohne jemanden zu verärgern? Ist es vielleicht: Die Migranten? Die Ausländer? Die Deutschen mit Migrationshintergrund? Die Nichtdeutschen?

Wenn Sie mich fragen, ich persönlich würde den Begriff «Die Nichtdeutschen» bevorzugen, wenn man einen anderen Ausdruck für «Ausländer» sucht. Entweder derjenige ist nun Deutsch oder Arabisch, oder er ist beides, dann aber ist er kein Deutscher mit arabischem Hintergrund, sondern ein Deuraber, dieser Begriff wäre am genausten. Vor einiger Zeit habe ich mich mit einem Bekannten über diese Frage unterhalten und er fragte mich:

«Du kennst doch die Situation in manchen Staaten der USA bezüglich der Rassentrennung? Die Schwarzen mussten im Bus hinten sitzen und die Weißen vorne, also kam es einige Male zu Rangeleien im Bus. Eines Tages sagte dann der Busfahrer: Es reicht mir, ich habe die Nase voll von diesem Quatsch, ihr seid ab heute alle Grün, die Dunkelgrünen setzen sich nach hinten im Bus und die Hellgrünen nach vorne.»

So ist es auch mit uns Nichtdeutschen hier in Deutschland. In der Gesellschaft oder in der Politik spricht man ähnlich wie der Busfahrer: Ihr seid alle Deutsche – Du bist der Deutsche mit Migrationshintergrund und Du da der Deutsche ohne Migrationshintergrund. Also eigentlich «bla bla bla».

Genauso kam neulich die Frage von einem Schüler: «Was sagt man zu einem, der aus Afrika kommt? Der Schwarze? Der Dunkelhäutige? Der Afrikaner? Der Afroamerikaner? Welches Wort können wir nehmen, ohne dass es rassistisch ist? Sie selber sagen Neger zueinander, dürfen wir das auch? Ist Neger ein Schimpfwort?» Ohne diese Frage zu beantworten, stellte ich dem Schüler eine andere Frage:

Ich: «Wie reagierst du, wenn ein Deutscher zu dir sagt, du Scheiß-Araber oder du Scheiß-Türke?»

Schüler: «Ich ärgere mich darüber und würde ihm vielleicht eine geben.»

Ich: «Warum, ihr sagt es doch untereinander auch, oder?»

Schüler: «Das ist ja was anderes.»

Ich: «Und so ist es mit denen, die Neger zueinander sagen auch.»

Sind alle Deutschen Alkoholiker?

«Die Deutschen sind alle Alkoholiker!», heißt es bei uns. Ist es wirklich so, dass ihr Deutschen alle Alkoholiker seid? Immerhin, in der Türkei nennt man das Bier «Deutsches Wasser», ist da was dran? Sitzen die deutschen Männer den ganzen Tag vor dem Fernseher und lassen sich von ihren Frauen ein Bier nach dem anderen holen? Schauen sie alle den ganzen Tag nur Fußball? Warum sind sie alle allein erziehend? Warum laufen sie nackt am Strand rum, haben die Deutschen kein Schamgefühl? Warum haben die deutschen Jugendlichen keinen Respekt vor ihren Eltern?

Ist das unser allgemeiner Eindruck von den Deutschen? Und wenn ja, ist doch die Frage, warum haben wir dieses Bild? Wo kommt es her? Mit der Zeit habe ich gelernt, dass das so natürlich alles nicht stimmt. Wir wissen zu wenig über die

Deutschen und andersrum genauso. Da fällt mir eine tolle Geschichte ein, die ich vor zwei Jahren erlebt habe.

Ich war zu einer Podiumsdiskussion eingeladen worden, das Thema war die Polizei und die Vernetzung im Kiez: Welche Erfahrungen haben wir im Rollbergviertel in der Zusammenarbeit mit dem Abschnitt gemacht? In der Diskussionsrunde wurde mir unter anderem die Frage gestellt: «Warum darf ein arabisches Mädchen keinen deutschen Mann heiraten?»

Ich: «Würden Sie Ihre Tochter einem Alkoholiker geben?»

Teilnehmer: «Wollen Sie mir sagen, dass alle Deutschen Alkoholiker seien?»

Ich: «Wollen Sie mir sagen, das alle arabischen Mädchen gleich sind? Ja, ist es denn anders mit den Deutschen? Wir haben über die Deutschen nichts anderes kennen gelernt. Schauen Sie, ich werde es Ihnen mal erklären. Schon als Kinder hatten wir Kaugummis mit Aufklebern, auf denen ein Kater abgebildet war. Der Kater stellte die verschiedenen Länder mit ihren typischen Merkmalen dar, so z.B. für Frankreich, der Kater hatte ein Baguette in der Hand und hinter ihm war der Eifelturm abgebildet. Für Japan hatte der Kater eine Kamera um den Hals und der Italiener hatte eine Sonnenbrille auf, also der typische Macho. Was meinen Sie, wie Deutschland dargestellt worden ist? Die Alpen im Hintergrund und der Kater in Trachtenkleidung mit einem Glas Bier in der Hand.

Jetzt stellen Sie sich mal eine arabische Familie vor. Sie schalten abends den Fernseher ein und es laufen mehrere Reportagen, wie «Stern TV», «Spiegel TV», «Fokus TV» oder was auch immer. In mindestens einer dieser Reportagen geht es immer um Mallorca und den Übermaß an Alkohol und wenn es nicht Mallorca ist, ist es das Oktoberfest oder Ähnliches. Die Familie schaltet nach zwei Minuten um und siehe da, da läuft eine weitere Reportage. Dieses Mal ist es nicht der Alkohol, aber es geht um die zweite Lieblingsbeschäftigung der

Deutschen und zwar um Sex. Den Deutschen reicht es nicht mehr zuhause Sex zu haben, jetzt treffen sie sich auch schon auf den Parkplätzen der Autobahnen und ein Partner reicht auch nicht mehr aus, also ab in den Zwingerclub.

Am nächsten Tag geht die Familie spazieren und das Erste was ihnen im Park auffällt, ist ein Betrunkener, der die Parkbank für sein Nickerchen nutzt. Oder haben Sie schon mal einen türkischen oder arabischen Mann besoffen auf der Straße gesehen? Und an der nächsten Ecke stehen die Bauarbeiter mit einer Bierflasche in der Hand.

Die Deutschen werden in den Medien meistens negativ gezeigt, wie schon erwähnt, ist es nicht der Alkohol, ist es der Sex, wenn es nicht der Sex ist, sind es die Hooligans, und wenn nicht die Hooligans, dann ist es das Dritte Reich. Also würden Sie Ihre Tochter so einem geben?»

Genau wie dem Teilnehmer, der bisher nichts mit nichtdeutschen Familien zu tun hatte und über ihre Gewohnheiten und Traditionen nichts wusste, ging es uns andersrum genauso. Auch wenn wir im selben Land, im selben Kiez, in derselben Straße wohnen, wir kennen uns nicht wirklich und das wenige, was wir glauben voneinander zu wissen, wissen wir aus dem Fernsehen und aus den Zeitungen.

Gefahrenstelle Medien?

Der größte Teil der Bewohner hat miteinander nicht viel zu tun, sie kennen sich nicht und das was sie über den anderen wissen, wissen sie aus dem Fernsehen. Wenn in den Medien von uns gesprochen wird, gibt man uns, je nach Thema, verschiedene Namen. Einmal heißen wir Ausländer, ein anderes Mal heißen wir Deutsche mit Migrationshintergrund und ein anderes Mal heißen wir vielleicht Nichtdeutsche. Die Berichterstattungen in den Medien haben einen großen Einfluss auf uns, denn je nachdem wie die Situation dargestellt wird, bilden wir uns unsere Gedanken und Meinung über den anderen.

Ein Beispiel: Ein 17-Jähriger ist mit einem Auto in parkende Fahrzeuge gerast und hat dabei einen Schaden in Höhe von ca. 100.000,00 € verursacht.

Wenn es ein Deutscher war:
Berlin-Mitte, Gestern Abend raste Florian D. (17) in parkende Fahrzeuge und hat dabei einen Schaden in Höhe von ca. 100.000,00 € verursacht. Die Polizei sucht derzeit nach Spuren.

Wenn es ein Araber war:
Berlin-Mitte, Gestern Abend raste ein 17-jähriger Libanese in parkende Fahrzeuge und hat dabei einen Schaden in Höhe von über 100.000,00 € verursacht. Der 17-jährige Ali D. ist bereits mehrfach wegen Drogenhandel und Körperverletzung bei der Polizei aufgefallen. Ali D. ist hier in Berlin geboren und seine Familie kommt aus dem Libanon. Die Staatsanwaltschaft hat gegen den Libanesen Haftbefehl erlassen.

So oder ähnlich könnte eine Berichterstattung in den Medien heute aussehen, auch wenn ich vielleicht etwas übertrieben haben sollte, ist es doch relativ realitätsnah dargestellt. Das merken natürlich auch die Jugendlichen. Erst wenn in der Gesellschaft, und vor allem in den Medien, nicht mehr zwischen Deutschen und Nichtdeutschen unterschieden wird, haben wir einen kleinen Schritt auf dem Weg zu einer gelungenen Integration geschafft. Jeder sollte selber die Möglichkeit haben, sich ein Bild vom anderen machen zu können.

Was ist ein Araber?

Auch ich spreche in meinem Buch von Arabern, was aber ist ein Araber? Wenn jemand aus Deutschland kommt, ist das ein Deutscher und wenn jemand aus der Türkei kommt, ist das ein Türke. Also scheint es ja ganz einfach zu sein. Wo aber kommt ein Araber her, oder wie einige sagen, «Araben»? Araber ist nicht gleich Araber, meinen wir damit einen Palästinenser, Ägypter oder vielleicht einen Marokkaner? Ich bin Araber und meine Eltern kommen aus Palästina, wenn ich mich mit einem Araber aus Marokko unterhalten möchte, kann ich es nicht, da wir verschiedene Sprachen sprechen. In Deutschland ist es ähnlich, oder warum werden manchmal Reportagen, in denen ein Deutscher aus Bayern vorkommt, mit Hochdeutsch untertitelt? Das gleiche gilt auch für die anderen nordafrikanischen Länder wie auch für die südwestlichen Länder Asiens. Denn die Herkunft spielt eine große Rolle bei der Suche nach Antworten, nur mit den richtigen Fragen können auch die richtigen Antworten gefunden werden.

Der größte Teil der hier lebenden Palästinenser kommt aus dem Libanon. Das sind ganz andere Palästinenser als die, die aus Palästina kommen. Genauso wie die Libanesen aus dem Libanon anders sind als die Palästinenser aus dem Libanon. Und eine weitere Unterscheidung gibt es bei den Libanesen oder Syrern, je nachdem, ob sie aus christlichen oder muslimischen Orten kommen. Man sieht, es ist nicht einfach hier durchzublicken und jemand, der ganz von außen kommt und noch nie mit Leuten aus dem arabischem Raum zu tun hatte, wird schnell verwirrt sein. Anders ist es bei denen, die schon mal Urlaub in einem der arabischen Länder gemacht haben; diejenigen werden es gemerkt haben. Einige Deutsche haben mich gefragt, warum sind die Türken in der Türkei anders als die Türken hier? Oder wenn ich mich mit Besuchern aus

Spanien unterhalten habe, und die mich gefragt haben: «Warum benehmen sich die Deutschen auf Mallorca anders als die Deutschen hier?»

Sind Jugendliche mit Migrationshintergrund gewalttätiger?

Durch meine verschiedenen Arbeitsstellen habe ich viele Menschen kennen gelernt; gute wie schlechte, deutsche wie nichtdeutsche, kriminelle wie nichtkriminelle, gebildete Menschen ebenso wie Analphabeten. Von allen diesen Menschen konnte ich Vieles lernen und das half mir, die Unterschiede zwischen den Kulturen und somit auch die Hintergründe der Menschen näher kennen zu lernen. Dadurch dass wir alle so verschieden sind, können wir viel von einander lernen, sei es die jeweilige Kultur oder auch nur die jeweilige Küche. Aber ganz wichtig ist, dass für alle die gleichen Bedingungen geschaffen werden, egal auf welcher Ebene.

Ein paar der häufigsten Fragen, die immer wieder in den Medien gestellt werden, lauten: «Warum sind die Jugendlichen mit Migrationshintergrund so gewalttätig?», «Warum haben sie keinen Respekt vor anderen?» In erster Linie spielt nicht die Herkunft eines Jugendlichen eine Rolle, sondern in welchem Umfeld er aufgewachsen ist. Die Lebensweisen von deutschen und migrantischen Jugendlichen sind in manchen Kiezen gar nicht sehr unterschiedlich, wenn sie aus der gleichen sozialen Situation kommen. Hier spielen unter anderem die Wohnverhältnisse, Berufstätigkeit oder Arbeitslosigkeit der Eltern, Zukunftsängste, Identitätszugehörigkeit und Perspektivlosigkeit eine große Rolle. Nicht der religiöse oder kulturelle Hintergrund ist die Ursache für ihre Lebensumstände, sondern der soziale Hintergrund. Ein Araber oder ein Deutscher, der in Zehlendorf aufgewachsen ist, ist nicht wie ein Araber oder ein Deutscher, der in einem sozialen Brennpunkt aufgewachsen ist. Das soziale Umfeld ist der entscheidende Faktor, denn was macht einen Problemkiez aus? Die Arbeitslosigkeit ist hoch und der größte Anteil der Kiezbewohner lebt von Transfereinkommen.

Die Jugendlichen wachsen in einer Familie auf, in der Vorbilder fehlen. Die Eltern schlafen bis elf Uhr und abends haben sie lange Besuch. Auch das Bildungsniveau ist niedrig, sie können ihren Kindern nicht mal bei den Hausaufgaben helfen, geschweige denn bei einer Bewerbung oder beim Erstellen eines Lebenslaufs. Die Eltern verlieren an Autorität und merken, dass sie ihren Kindern unterlegen sind, jedenfalls was die deutsche Kultur und Lebenswelt betrifft. Ihre Kinder haben mehr Kontakte, beherrschen die Sprache besser, kennen die deutschen Gesetze und haben ganz andere Vorstellungen als ihre Eltern. Den Eltern fällt in ihrer Verzweiflung oft nichts Besseres ein, als zu alten Methoden wie der Prügelstrafe zu greifen oder sie versuchen ihre Kinder in ihre Welt zu ziehen, statt die Kinder bei ihren Vorhaben zu unterstützen. Durch die Prügelstrafe lernen die Jugendlichen, ihre Probleme in der gleichen Weise zu lösen. Wenn ein Junge zuhause mit einer Schwester aufwächst und durch seinen Vater lernt, dass er als Junge mehr Rechte besitzt als seine Schwester, freut er sich natürlich. Die Eltern merken aber nicht, dass der Junge diese Einstellung sein Leben lang mit sich trägt und weitergeben wird. Vielleicht wollen sie es auch so; keine Ahnung, ich jedenfalls habe das zuhause nicht so kennen gelernt. Bei den Jugendlichen mit Migrationshintergrund ist die Frage nach der eigenen Identität ohnehin besonders schwierig zu beantworten, denn eigentlich sind wir ja hier geboren, aber wir sind trotzdem keine Deutschen. Wenn uns dann gesagt wird: «Geh dahin zurück, wo du her gekommen bist», was ist dann damit gemeint?

Wie könnte ein Tag in einer Familie im Kiez aussehen?

Wie sieht ein Tag in einer migrantischen Familie aus, ist der anders als bei den Deutschen? Auch hier gibt es natürlich Unterschiede bei den Familien, aber ich werde mal beschreiben wie ein normaler Tag in einer bildungsfernen Familie aus dem Kiez aussehen kann.

Gegen 13.00 Uhr kommt das Kind aus der Schule nach Hause, dann wird erst mal die Schultasche in die Ecke geschmissen und etwas gegessen. Weil die Mutter dann Besuch hat, hat sie nichts anderes im Kopf als ihren Besuch. Wenn das Kind etwas will, wird es nicht beachtet, sondern darauf hingewiesen, den Fernseher anzumachen und nicht zu stören. Was das Kind schaut, ist egal, Hauptsache das Kind ist beschäftigt. Wenn es nicht der Fernseher ist, ist es der Computer oder die Spielkonsole, auch hier ist nicht klar, was das Kind eigentlich spielt. Der Fernseher und die Spielkonsole sind immerhin zuverlässige Babysitter, oder nicht? Nach Hause darf das Kind niemanden mitbringen, es muss mit seinen Freunden draußen spielen. Wenn das Kind dann abends schlafen gehen soll, fällt ihm plötzlich ein, dass es Hausaufgaben aufhat und diese noch schnell machen muss. Falls es dabei Hilfe braucht, kann ihm leider niemand helfen.

Es ist natürlich nicht bei allen migrantischen Familien so und ich habe diese Situationen auch bei deutschen Familien erlebt. Es gibt auch die andere Seite, wo die Eltern sehr bemüht sind, dass ihre Kinder erfolgreich in der Schule sind. Diese haben meist auch einen geregelten Tagesablauf. Nach der Schule wird zusammen gegessen und anschließend werden Hausaufgaben gemacht, erst dann dürfen die Kinder zum Spielen. Bei diesen Familien müssen die Kinder auch zu einer bestimmten

Zeit zuhause sein und nicht wie bei meinem ersten Beispiel irgendwann in der Nacht. Bei meinem ersten Beispiel kann man die Kinder noch nach 22 Uhr auf der Straße spielen hören.

Ich versuche in meiner Arbeit, Eltern für die Themen «altersgerechter Medienkonsum», «gewaltfreie Erziehung», «Suchtprobleme bei Jugendlichen», «Bildung als Fundament» oder zum Beispiel für das Thema «Rechte und Pflichte in der Schule» zu sensibilisieren. Sie sind auch in der Regel bereit, sich darüber zu informieren, aber einer muss ihnen den Weg zeigen. Denn wie alle Eltern lassen sich auch Eltern mit Migrationshintergrund von niemandem in die Erziehung der Kinder reinreden.

«Geh dahin zurück, wo du hergekommen bist!»

Diesen Satz bekommen wir Deuraber oft zu hören. Vor allem, wenn wir irgendwelchen Quatsch in der Öffentlichkeit machen. Wenn zum Beispiel in der Bahn ein Jugendlicher seine Füße auf die Sitze stellt, kann es passieren, dass ein anderer Fahrgast dies sieht und ihn darauf anspricht: «Nimm mal deine Füße von der Bank runter – mach das in deinem Land, aber nicht hier!» Der antwortet: «Was heißt ‹in deinem Land›? Was willst du von mir, willst du Ärger haben?» Das ist eine Situation, wie sie sich im öffentlichen Nahverkehr öfter zuträgt. Wer hat jetzt Recht und wer nicht? Im Grunde genommen haben beide ihre Fehler gemacht, denn die Füße auf die Bank zu stellen ist ohne Frage nicht die richtige Art und Weise, sich in der Öffentlichkeit zu benehmen. Aber der Fahrgast, der den Jugendlichen anspricht, hätte dies auch in einer etwas netteren Form tun können. Zum Beispiel hätte er dem Jugendlichen auch gleich sagen können, warum man die Füße nicht hoch stellt; und hilfreich wäre vielleicht auch, wenn der Fahrgast den Jugendlichen mit «Sie» angesprochen hätte. Natürlich gibt es auch hier kein allgemeines Rezept, aber der Ton macht die Musik und genauso respektlos wie der Fahrgast den Jugendlichen angesprochen hat, hat dieser geantwortet.

Sätze wie «Geh dahin zurück, wo du hergekommen bist», «Mach das in deinem Land» oder « … in deinem Land würdest du dich das nicht trauen» sind für den Betroffenen ebenso verletzend wie provokativ. Wohin soll der Jugendliche denn zurückgehen? Denn der Ort, aus dem der Jugendliche kommt, ist hier in Deutschland: Er ist in Deutschland geboren und in Deutschland aufgewachsen, etwas anderes kennt der Jugendliche nicht. Das Land seiner Eltern hat der Jugendliche dagegen vielleicht noch nie besucht, kennt es also überhaupt nicht.

Nach dem Mauerfall in Berlin Anfang der 90er haben wir Migranten eine kleine Auszeit bekommen. Man hat nicht mehr den Ausländer für alles verantwortlich gemacht, sondern nun war es der «Ossi», den man ins Visier nahm. Der Ossi hatte für einige Zeit den Schwarzen Peter für Vieles, was einem nicht passte, zugeschoben bekommen. Und diese Unterscheidung gibt es noch bis heute, für manche ist «Ossi» sogar ein Schimpfwort. Zwar heißt es bei uns immer, wir sind alle Berliner, aber der da ist der aus dem Osten und dieser hier aus dem Westen. Also, wozu gibt es eigentlich den Tag der Deutschen Einheit, wenn es doch immer noch den Ossi und den Wessi gibt?

In letzter Zeit wurde des Öfteren darüber gesprochen, ob es vielleicht sinnvoll wäre, Intensivtäter mit Migrationshintergrund abzuschieben. Also kurz gesagt: «Gehe dorthin zurück, wo du hergekommen bist.» Wenn dieser Jugendliche dann tatsächlich abgeschoben wird, betritt er eine Welt, die er nicht kennt, deren Sprache er nicht spricht und deren Kultur er überhaupt nicht kennt. Oder glauben Sie, ein hier in Deutschland geborener Jugendlicher mit türkischem oder arabischem Hintergrund unterscheidet sich nicht von denen, die in der Türkei oder in einem der arabischen Länder geboren wurden? Der größte Teil der hier lebenden Jugendlichen kennt das Land seiner Eltern nur aus dem Fernsehen und aus der Schule. Ja, sogar seine Religion lernt er teilweise nur im Elternhaus und den Rest aus dem Fernsehen oder durch seinen Freundeskreis. Bei mir war es nicht anders. Ich war 1996 das erste Mal im Libanon und kam mir dort noch fremder vor als hier in Deutschland.

Meine erste Fahrt in die Heimat

Am Anfang war ich sehr aufgeregt, denn ich flog zum ersten Mal nach Libanon in die Stadt Baalbeck. Ich flog gemeinsam mit meiner Mutter und zweien meiner Brüder von Berlin Tegel aus. Der Flug dauerte etwa dreieinhalb Stunden, dann landete das Flugzeug in Beirut und die meisten Fluggäste begannen vor Freude in die Hände zu klatschen; andere hatten Tränen in den Augen. Viele von ihnen waren schon seit mehr als zehn Jahren nicht mehr in ihrer Heimat gewesen. Wir stiegen aus dem Flugzeug aus und anders als in Deutschland sah man auf dem Gelände als erstes Militär stehen, das das Gelände bewachte. Als wir endlich die zahlreichen Kontrollen durchquert hatten und aus dem Flughafen raus waren, stand mein Opa da, der uns vom Flughafen abholen kam und den ich bislang nur von Fotos her kannte. Als er uns sah, kam er gleich auf uns zu und nahm meine Mutter fest in die Arme. Meine Mutter hatte ihren Vater seit über fünfzehn Jahren nicht gesehen, sie fiel ihm in die Arme und beide brachen in Tränen aus. Es war ein rührender Moment.

Zugleich spürte ich ein fremdes Gefühl in mir. Es war eine Art Geborgenheit, ich fühlte, ich bin zuhause, ich stand das erste Mal auf arabischem Boden. Es war alles arabisch, die Menschen hier sprachen arabisch, die Beschriftungen um mich herum und die Werbungen an den Häusern und auf den Autos waren ebenfalls arabisch. Ich musste einfach zuhause sein.

Ich begrüßte meinen Opa und er drückte mich ganz fest und sagte: «Willkommen zuhause, mein Engel», und ich fing vor Freude an zu weinen.

Ich kannte den Libanon nur vom Hörensagen, aus den Nachrichten in Deutschland oder aus Videos, die Verwandte mit nach Deutschland brachten. Während unserer Fahrt durch den Libanon sah ich eine Kirche und ich wunderte mich sehr darüber.

Ich: «Mama, hast du gesehen, da stand eine Kirche?»

Meine Mutter: «Ja, habe ich gesehen, warum fragst du?»

Ich: «Was macht eine Kirche in hier im Libanon?»

Meine Mutter: «Es gibt viele Kirchen im Libanon.»

Ich: «Aber wir sind doch hier in einem arabischen Land und in einem arabischen Land leben Moslems, oder?»

Meine Mutter: «Überwiegend, aber es gibt auch viele Christen hier.»

Ich hatte kein Bild davon, wie es hier sein würde, ich bin in Berlin geboren und aufgewachsen, also woher sollte ich auch ein Bild haben? Ich bin davon ausgegangen, dass alle Frauen hier Kopftücher tragen und die Männer in traditionellen Trachten herumlaufen und ich viele Kamele sehen würde. Aber das war nur ein Bild, was mir in Deutschland über den Libanon vermittelt wurde.

Ziel unserer Fahrt war Baalbeck, die Heimatstadt meiner Mutter. Der Weg von Beirut nach Baalbeck führte über Berge, viele Dörfer, kleine Städte und vor allem durch viele Kontrollen. An der ersten Straßenkontrolle angekommen, fragte einer der Soldaten: «Na, wo soll es denn hingehen und wo kommt ihr her?» Mein Opa antwortete ihm, dass er uns vom Flughafen abgeholt hat und wir auf dem Weg nach Baalbeck sind. Darauf fragte er ganz frech: «Und was habt ihr mir mitgebracht?» Und mein Opa gab ihm eine Stange Zigaretten. Als wir endlich weiterfuhren, fragte ich meinen Opa, ob er den Mann kannte oder warum sonst gab er ihm die Zigaretten? Mein Opa versuchte mir zu erklären, warum, aber ich verstand es nicht. Was hatte die syrische Armee im Libanon zu suchen? Bei den nächsten Straßenkontrollen lief es jedenfalls ähnlich ab.

In Baalbeck angekommen, standen wir vor der Einfahrt eines großen Gebäudes mit vielen kleinen drum herum, das von einer hohen Mauer umgeben war. «Wir sind da, alle aussteigen.» Auf den ersten Blick sah es aus wie eine Stadt in Ruinen. Es war aber ein Flüchtlingslager, denn als Palästinenser lebt man im Libanon in Flüchtlingslagern. Das hört sich nicht nur schlimm an, es ist auch schlimm. Die Menschen hier leben in Armut und die Wenigsten von ihnen schaffen es, aus diesen Flüchtlingslagern rauszukommen. Sie sind angewiesen auf die Unterstützung der im Ausland lebenden Verwandten. Strom und Wasser sind hier Luxus, niemand weiß genau, wann Strom oder Wasser fließen, an guten Tagen gibt es für sechs Stunden Strom und Wasser. Im Flüchtlingslager ist fast alles direkt vor der Haustür: der Friseur, Imbiss, Moschee, Billardcafé, viele kleine Zeitungsläden; die Leute wohnen Haus an Haus.

Ich rannte die Treppen hoch und suchte meine Oma, denn sie kannte ich noch aus Deutschland. Sie war Anfang der 80er bei uns in Deutschland zu Besuch gewesen. Plötzlich fragte sie mich: «Hast du schon deinem Onkel, dem Bruder deines Vaters hallo gesagt?» Ich klopfte nebenan an und ein großer Mann machte mir die Tür auf und sagte: «Ja bitte, was kann ich für dich tun?» Ich fragte ihn: «Bist du Abu Fouad?» Er sagte: «Ja, und wer bist du?»

«Ich heiße Fadi und komme aus Deutschland, der Sohn von Abu Fadi.»

Er war sprachlos und schaute mich ganz verwundert an: «Du machst doch keinen Scherz mit mir, oder?»

«Nein Onkel, ich bin es wirklich.»

Da nahm er mich fest in die Arme und fragte mich nach meinen Eltern und meinen Brüdern und über dies und jenes aus. Mit der Zeit lernte ich auch die ganze Familie kennen. Es war sehr komisch, denn irgendwie ist es zwar meine Familie, aber andererseits hatte ich von den meisten noch nie etwas gehört. Mit den Tagen lernte ich auch das Flüchtlingslager kennen; es war etwa so groß wie drei Fußballfelder und sehr eng bebaut. Ich hatte 100 Mark in libanesische Lire gewechselt und damit kam ich mir vor wie ein König, denn alles war extrem billig im Verhältnis zu Deutschland. Einmal Haare schneiden kostete umgerechnet etwa zehn Pfennig und einmal Essen und Trinken am Imbiss nur eine Mark. Überrascht war ich nur, als ich ins Stadtinnere wollte. Ich stieg in ein Taxi und sagte: «Salemaleikum, bitte einmal in die Stadt.»

Der Fahrer lächelte und sagte: «Wo kommst du denn her?»

«Aus Baalbeck, warum?»

«Weißt du nicht, dass ich erst fahre, wenn das Taxi voll ist?» Und damit meinte er drei Gäste hinten und zwei Gäste vorne. Also gab ich ihm statt umgerechnet zehn, 50 Pfennig, damit er mit mir als einzigem Gast fährt. Die Fahrt dauerte knapp zehn Minuten und führte an den Ruinen von Baalbeck vorbei.

Ich sprach zwar arabisch, aber egal, wo ich was fragte beziehungsweise etwas kaufen wollte, fragte man mich nach meiner Herkunft. Wenn ich als Antwort «Palästinenser» sagte, reichte das nicht und die Fragen gingen weiter, genauso wie in Deutschland. Das war der Moment, als ich mich zu fragen begann:

Wo bist du eigentlich zuhause?

Wo ist der Ort, von dem ich sagen kann, hier komme ich her?

Von welchem Land kann ich sagen, das ist mein Land?

Ich lernte den Libanon von seiner schönsten Seite kennen, besonders die Tropfsteinhöhlen haben mir sehr gefallen. Am letzten Tag unseres Aufenthalts gab es noch mitten in der Nacht eine erschreckende Überraschung.

Ich stand auf der Terrasse, beobachtete die Sterne und war sehr traurig darüber, dass wir am nächsten Morgen wieder zum Flughafen fahren und zurück nach Deutschland fliegen würden. Während ich die Sterne beobachtete, konnte ich sehen, wie sich weit entfernt sechs Sterne gleichzeitig fortbewegten. Ich rief meinen Cousin und zeigte ihm die Sterne. Darauf sagte er mir, das sind keine Sterne, das sind Flugzeuge, wahrscheinlich israelische Kampfflugzeuge. Kaum fünf Minuten später konnte ich das Dröhnen der Düsen am eigenen Körper und am Mauerwerk der Terrasse deutlich spüren. Er hatte Recht, es waren israelische Kampfflugzeuge, die einen Luftangriff auf die Hisbollah flogen. Es war dennoch ein Spektakel für mich, die Geschosse der Flugzeuge waren grün und die der Hisbollah waren orange, sie waren zwar weit weg, aber in der Dunkelheit war alles gut zu sehen. Ich hatte große Angst, aber meine Familie versuchte mich zu beruhigen, indem sie mir klar machte, dass die Flugzeuge nicht auf das Flüchtlingslager schießen würden. Aber ehrlich gesagt, habe ich mich nicht darauf verlassen und danke Gott dafür, dass nichts passiert ist.

Als wir am nächsten Morgen aus dem Flüchtlingslager abreisten, liefen mir die Tränen in Strömen über das Gesicht und kaum in Deutschland angekommen, bekam ich schon «Heimweh». Aber Heimweh wonach? Mein Aufenthalt im Libanon dauerte acht Wochen und es kam mir sehr kurz vor. Das Gefühl «zuhause zu sein» habe ich also nicht gefunden. Im Gegensatz zu den Migranten in Frankreich, denn die denken anders, für sie ist es klar wo sie herkommen und was sie sind.

Vom Kiez in den Elysée Palast

Nachdem ich nun die Jugendlichen arabischer Herkunft im Libanon und in Deutschland kennen gelernt hatte, durfte ich die Migranten in Frankreich kennen lernen. Sie waren anders als hier in Deutschland oder im Libanon. Im Oktober 2006 führte das DFJW (Deutsch-Französisches-Jugendwerk) ein Seminar im Auftrag beider Regierungen durch, mit dem Thema «Integration und Chancengleichheit». Ziel des Seminars war es, Jugendliche mit Migrationshintergrund aus beiden Ländern zusammenzubringen, und am Ende einen Katalog mit ihren Forderungen und Wünschen zu erstellen. Dieser sollte dann an die Regierungen übergeben werden. Eine Jugendliche mit türkischem Hintergrund und ich waren in Berlin ausgewählt worden, um gemeinsam mit 14 weiteren Jugendlichen aus ganz Deutschland nach Paris zu fliegen. In Paris lernten wir dann die Jugendlichen aus Frankreich kennen; viele von ihnen kamen aus den Vororten, wo 2005 die Krawalle stattfanden. Es war nicht viel Zeit, um Paris kennen zu lernen, aber das war ja auch nicht der Anlass der Reise. Dafür konnten wir Gleichaltrige aus Frankreich treffen, die teilweise die gleiche Herkunft hatten wie wir.

Am ersten Tag des Seminars lernten wir uns alle erst einmal richtig kennen, dazu haben unsere Betreuer verschiedene Spiele mit uns veranstaltet. Am zweiten Tag des Seminars saßen alle in einer großen Runde und einer der Betreuer sagte: «Erst mal nur die deutschen Teilnehmer, steht mal bitte alle auf. Und nun setzen sich bitte all diejenigen von euch hin, die sich *nicht* als Migranten in Deutschland fühlen.» Was denkt

Ihr, wie das Ergebnis war? Es sind alle Teilnehmer stehen geblieben, nicht einer hat sich hingesetzt. Anschließend nun die gleiche Frage an die französischen Teilnehmer, da war das Ergebnis genau andersrum: Alle Teilnehmer haben sich hingesetzt.

Wie kommt das? Wir waren alle über das Ergebnis überrascht, denn die französischen Teilnehmer sagten, wir sind hier geboren und aufgewachsen, also sind wir Franzosen! Von uns Teilnehmern aus Deutschland sagte dagegen keiner: «Ich bin ein Deutscher!» Bis auf diese Identitätsfrage waren wir über die Probleme im jeweiligen Land aber eher einer Meinung. Spätestens bei der Antragstellung für einen Kredit, bei der Wohnungssuche oder bei einer Bewerbung ist die Diskriminierung der Franzosen aus den Vororten spürbar, denn schon allein die Postleitzahl entscheidet über eine positive oder negative Antwort. Hier in Deutschland ist es noch nicht so schlimm wie in Frankreich, wobei, hier spielt die Postleitzahl in manchen Bereichen auch schon eine Rolle, zum Beispiel bei den Versandhäusern. Hier entscheidet die Postleitzahl, ob eine Bestellung getätigt werden kann und ob diese per Rechnung oder per Nachnahme gezahlt werden muss. Eins haben beide Länder auch gemeinsam: In beiden Ländern wird mehr über die möglichen Probleme der Betroffenen gesprochen als mit den Betroffenen selbst.

Am dritten Tag des Seminars erhielten wir die Information, dass nur vier von uns allen das im Seminar erarbeitete Werk dem Ministerrat vorstellen dürfen. Aus jedem Land sollten eine Teilnehmerin und ein Teilnehmer ausgewählt werden. Nach einer Abstimmung in der Gruppe wurde ich als einer der vier zugelassenen Teilnehmer gewählt. Der vierte Tag des Seminars war zugleich einer der aufregendsten Tage in meinem Leben. Morgens um neun Uhr wurden wir von einem Fahrer abgeholt und zum Ministerium für Integration gefahren. Dort wurden

wir von Maria Böhmer, Staatsministerin für Migration, Integration und Flüchtlinge, und
ihrem französischen Amtskollegen Azouz Begag empfangen
und konnten vorab ausführlich
mit ihnen über unsere Ideen
und Anregungen diskutierten.

Dann war es soweit, vom
Ministerium aus fuhren wir in Begleitung einer Polizeies-
korte, in schwarzen Citroën-Fahrzeugen und mit Blaulicht
gemeinsam mit Staatsministerin Böhmer und ihrem Amtskollegen Azouz Begag in Richtung Elysée-Palast. Vorbei an
vielen Sehenswürdigkeiten und mitten durch Paris, kamen
wir schließlich am Palast an, wo schon alle deutschen und
französischen Minister waren. Es war einfach aufregend und
kaum zu glauben. Da bin ich das erste Mal in Paris und habe
gleich die Gelegenheit, die Bundeskanzlerin Angela Merkel
und den französischen Staatspräsidenten Jacques Chirac und
die jeweiligen Minister persönlich kennen zu lernen. Ich hatte
das Gefühl, auf einmal Politiker zu sein und ich muss sagen,
mein erster Eindruck war gleich positiv. Ich meine, alle Gäste
im Palast haben uns angeschaut und sich sicher gefragt: «Wer
sind die denn?» Aber wir wurden trotzdem mit viel Ansehen
und Respekt behandelt, als wären wir Leute wie sie. Dabei kamen wir aus ganz anderen Verhältnissen als sie. Für mich war
es wie ein Traum, der in Erfüllung geht. Da standen plötzlich
alle Politiker, die wir nur aus dem Fernsehen und aus Zeitungen kannten, und jetzt bekam ich die Gelegenheit, direkt mit
ihnen zu sprechen.

Von der großen Empfangshalle ging es in einen der vielen
Räume des Palastes, in dem wir warteten, bis der Ministerrat
getagt hatte. Wir waren der letzte Punkt auf der Tagesord-

nung und die Zeit im Warteraum machte mich immer nervö-
ser. Unsere Ausbilder versuchten uns die Nervosität zu nehmen und gingen mit uns unsere Texte durch. Ein Mann im
schwarzen Anzug und mit Silberschmuck am Jackett rief uns
und begleitete uns in den Saal, in dem die Minister tagten.
Gemeinsam mit dem Mädchen aus München wurden wir direkt an den Platz von Frau Bundeskanzlerin Merkel geführt.
Sie stand auf, reichte uns die Hand und empfing uns. Ich setzte
mich links von der Bundeskanzlerin und sie fragte mich, wo
ich herkomme, was ich beruflich in Berlin mache und ob ich
aufgeregt wäre. Die zwei französischen Jugendlichen setzten
sich gegenüber von uns neben den französischen Staatspräsidenten Jacques Chirac. Die Tische waren in einem Rechteck
gestellt, die Bundeskanzlerin und der Staatspräsident saßen
sich gegenüber und die Minister saßen jeweils mit ihren französischen Amtskollegen zusammen.

Unsere Forderungen an die Regierungen der beiden Länder
umfassten fünf Bereiche (Bildung, Kultur, Europäisierung,
Integration und Diskriminierung), die wir mit allen Teilnehmern erarbeitet und formuliert hatten:

Gegenseitige Anerkennung der Abschlüsse auf europäi-
scher Ebene

Kostenfreie und für alle verpflichtende Sprachkurse

Einrichtung eines europäischen Zentrums zur Geschichte
der Migration

Kompetenznachweis bei Bewerbungen anstelle von her-
kömmlichen Lebensläufen

Ernennung eines Bildungspaten, der die Schulzeit und Ausbildung begleitet.

Meine Bereiche waren die Bildung und das Schlusswort. Wir
sind beim Reden aufgestanden und alle hörten uns gespannt
zu. Als ich dann unser gemeinsames Schlusswort vortrug,

herrschte im Saal eine große Stille. Der Staatsminister dankte uns für unseren Vortrag und lobte uns für unsere Arbeit. Er sagte uns, er sei sprachlos und erstaunt über unsere intelligente und direkte Ansprache.

Vom Saal aus ging es dann in den Pressebereich, wo Fotos von uns und den Ministern gemacht wurden. In der anschließenden Presseversammlung äußerte sich die Bundeskanzlerin zu unserem Vortrag. Sie fand den Vorschlag «Ernennung eines Bildungspaten, der die Schulzeit und Ausbildung begleitet» einen der interessantesten Punkte. Nach der Presseversammlung nahm uns der Staatspräsident mit in das Nachbargebäude, wo es dann zum Essen ging. Es war herrlich, es fehlte an nichts. Egal was man wollte, einer der Kellner brachte es sofort. Gemeinsam mit elf weitern Gästen wie Maria Böhmer, Ursula von der Leyen, Azouz Begag und einer Dolmetscherin saßen wir an einem Tisch. Ich fühlte mich wie Julia Roberts in «Pretty Woman», als sie das erste Mal im Restaurant saß und nicht wusste, welche Gabel, Löffel oder Messer sie wann benutzen sollte. Obendrein gab es noch vier verschiedene Gläser auf dem Tisch. Ich fragte die Dolmetscherin, wie ich wissen soll, wann ich welches Besteck und wann ich welches Glas benutze? Sie sagte mir, darüber sollte ich mir keine Gedanken machen, da die Kellner nach jedem Gang das Besteck wieder mitnehmen und neues hinlegen. Als wir endlich alle Gänge fertig hatten, wurden Schalen mit Wasser und Rosenblätter vor uns hingestellt und – ehrlich gesagt – keiner von uns deutschen Gästen wusste, welchen Zweck die Schale hat. Ich wartete und, man kann es kaum glauben, sie war zum Händewaschen da.

Nach dem Essen wartete der Staatspräsident auf uns, um sich von uns zu verabschieden. Er umarmte jeden Einzelnen und bedankte sich bei uns. Ich fand es eine sehr große Geste, dass er auf uns gewartet hatte, um sich von uns zu verabschieden. Er ließ einen Wagen kommen und bat den Fahrer, uns überall dort hinzufahren, wohin wir möchten. Ich bat den Fahrer, uns den Triumphbogen und den Eifelturm zu zeigen. Er lächelte und sagte: «Kein Problem». Ich meine, wer hat schon die Möglichkeit, Paris aus einem Diplomatenfahrzeug zu erleben! In der Jugendherberge angekommen, ging es weiter zu einem Radiosender, der auf Französisch und manchmal auf Deutsch sendet.

Diskriminierung und Chancengleichheit

Dies sind zwei Themen, die nicht weit voneinander entfernt liegen. Ich habe mich mit diesen Themen erst kurz vor meiner Fahrt nach Paris so richtig auseinandergesetzt. Davor wusste ich nicht genau, was diese Wörter eigentlich bedeuten, obwohl ich genug damit zu tun hatte. Während des Seminars kamen Vorschläge, die das Zusammenleben erleichtern und unsere Chancen auf dem Arbeitsmarkt erhöhen können. Die Probleme, die die jungen Migranten mit Migrationshintergrund in Frankreich haben, sind die gleichen oder ähnlichen Probleme, die wir Deuraber auch hier in Deutschland kennen. Als wir uns über das Thema Bewerbung unterhalten haben, forderten wir, dass die Lebensläufe neutral abgefasst werden sollten. Eigentlich ganz logisch, denn wenn ein Unternehmen neue Mitarbeiter sucht, sollte es nicht nach Nationalitäten suchen oder Bewerber mit nichtdeutschen Namen aussortieren, sondern gezielt nach den Fähigkeiten und Kenntnissen eines Bewerbers. Vielleicht wäre es schön, wenn es einheitliche Fragebögen geben würde, die gezielt nach den Erfahrungen, Fähigkeiten und Kenntnissen fragen. Und erst wenn danach ausgewählt worden ist und die persönlichen Vorstellungsgespräche laufen, können die Arbeitgeber die Bewerber kennen lernen. Ich bin mir sicher, dass der eine oder andere Arbeitgeber überrascht wäre.

Ein sehr gutes Beispiel, wie sich eine eventuelle Diskriminierung vermeiden lässt, ist die theoretische Führerscheinprüfung. Wenn ein Fahrschüler die theoretische Prüfung ablegen möchte, wird nur sein Wissen geprüft. Er bekommt einen Fragebogen, den er beantworten muss und der Prüfer legt anschließend eine Schablone auf den Fragebogen und sieht, ob die Antworten richtig sind oder nicht. Der Schüler kann nicht wegen seines Aussehens, seiner Figur, Hautfarbe, Aussprache, Religion, Kultur oder wegen seines Nachnamens benachteiligt werden. Entweder die Antworten sind richtig oder nicht. Bei der praktischen Führerscheinprüfung sieht es dagegen ganz anders aus, hier entscheidet ein Mensch und keine Schablone. Wir Menschen sind immer voreingenommen, es ist für uns unmöglich, neutral zu sein, unsere Emotionen spielen bei unseren Entscheidungen immer mit. Es reicht aus, wenn der Fahrschüler oder die -schülerin durch ihr Aussehen oder ihre Herkunft den Fahrlehrer an ein eigenes negatives Ereignis erinnert – die Wahrscheinlichkeit ist sehr groß, dass der Fahrprüfer den Schüler oder die Schülerin durchfallen lässt.

Auch bei einem Kreditantrag sollte es so was wie neutrale Antragsformulare geben, in dem nicht nach Adresse, Name oder Staatsangehörigkeit gefragt wird. Ich denke, es ist wichtiger, ob der Antragsteller kreditwürdig ist, also einer regelmäßigen Arbeit nachgeht, wie viel Einkommen er hat und nicht, ob er mit Nachnamen Müller oder Ali heißt. Ähnliches gilt für die Suche nach einer neuen Wohnung. Warum ist es nicht möglich, sich auf bestimmte Kriterien zu beschränken, die für die neue Wohnung von Bedeutung sind, wie z.B. die Anzahl der Kinder und die Höhe des Einkommens?

«5 + 5 = 10» – in jeder Sprache?

Nehmen wir zwei Jugendliche, egal ob mit oder ohne Migrationshintergrund, und vergleichen sie.

Der erste davon kommt aus einer wohlhabenden Familie, der andere aus einer armen Familie. Ein weiterer Unterschied ist das soziale Umfeld in dem sie aufgewachsen sind. Der aus der wohlhabenden Familie wohnt im schicken Zehlendorf und der andere in Neukölln. Der aus der wohlhabenden Familie ist nicht der gleiche Jugendliche wie der aus der armen Familie aus dem Kiez. Die meisten Familien aus dem Kiez bestreiten ihr Leben von Hartz IV und ihre langjährige Arbeitslosigkeit raubt ihnen jegliche Hoffnung für die Zukunft. Die Jugendlichen im Kiez kennen es nicht anders, die Eltern sind verzweifelt, von der Öffentlichkeit werden sie in die unterste Schublade gesteckt, sie haben keinen geregelten Tagesablauf und die Perspektivlosigkeit raubt ihnen jegliche Hoffnung. Die Eltern dieser Jugendlichen schlafen teilweise bis mittags und abends wird dann Halligalli gemacht, Besuch bleibt bis in die Morgenstunden und an Unterstützung können sie von ihren Eltern auch nicht viel erwarten. Bei Zuständen wie diesen ist es egal, wo ein Jugendlicher herkommt, ob er arabisch, türkisch oder deutsch ist. Wenn die Eltern arbeitslos sind, haben sie eben sehr wenig, was sie ihren Kindern bieten können. Und dabei denke ich nicht nur an Materielles, sondern vor allem meine ich auch Bildung, denn das ist nun mal das A und O für alles Weitere.

Im Gegensatz zu den deutschen Familien sprechen die arabischen Familien kein gutes Deutsch, aber beiden fehlt es an Allgemeinwissen. Spätestens wenn ein Schüler Hilfe bei den Hausaufgaben braucht, fallen die Eltern bereits aus, denn sie können kaum rechnen, Englisch sprechen oder haben keinerlei Kenntnisse in Fächern wie Geschichte, Biologie oder

Erdkunde. Die meisten arabischen Familien können ja nicht einmal Arabisch lesen und schreiben. Es kommt sehr auf die Generation und auf den Bildungsstand an. Der größte Teil der in Berlin geborenen Jugendlichen mit palästinensischem Hintergrund hat Eltern aus dem Libanon. Im Libanon lebten sie in Flüchtlingslagern, wo sie ums Überleben kämpfen mussten, da hat Bildung keinen hohen Stellenwert. Ein Zehn-jähriger geht durchaus auf dem Feld arbeiten, um die Familie zu ernähren. Arabische Eltern, die dagegen das Geld zum Studieren aufbringen konnten, lernen in sehr kurzer Zeit die deutsche Sprache und achten sehr darauf, dass ihre Kinder gut in der Schule sind. Denn es spielt ja keine Rolle, in welcher Sprache jemand Mathematik gelernt hat; 5+5 ergibt immer 10, in jeder Sprache.

Was passiert, wenn die Kinder für ihre Eltern übersetzen?

Wenn die Schulen bei den Eltern anrufen und sie bitten, in die Schule zu kommen, um mit ihnen ein Elterngespräch zu führen, sagen die Eltern zwar zu, kommen dann aber entweder nicht zum vereinbarten Termin oder sie kommen zwar hin, bringen aber ihr Kind zum Übersetzen mit. Häufig sind es die Mütter, die dann in die Schule kommen; die Väter halten sich dagegen meistens aus dem Ganzen raus. Die Schüler sind natürlich nicht blöd, sie freuen sich, wenn nur die Mutter kommt und nicht der Vater, denn jetzt können sie übersetzen und es wird natürlich nicht alles übersetzt, was der Lehrer beziehungsweise die Schule den Eltern vermitteln will. Dabei ist es keineswegs immer die Absicht des Kindes, wenn es nicht alles übersetzt; oft spricht das Kind selber nicht genug Arabisch oder es kann bestimmte Wörter aus dem Deutschen nicht ins Arabische übersetzen. Fragen Sie mal einen arabischen Schüler, wie das Fach «Geschichte» im Arabischen heißt, es wird Ihnen die Frage nicht beantworten können. Anders als meine Eltern denken viele Eltern, sie bringen ihren Kindern Arabisch, aber nicht die deutsche Sprache bei, denn Deutsch werden sie schon noch in der Schule lernen. Wenn es dann die Schule nicht schafft, ihnen die deutsche Sprache beizubringen, dann werden die Schulen dafür verantwortlich gemacht, die Eltern hingegen entziehen sich der Verantwortung.

Genauso schlimm ist es in den Kindertagesstätten. Hier erwarten die Eltern ebenfalls von den Erzieherinnen, dass sie den Kindern die deutsche Sprache vermitteln. Und es kommt noch besser: Sie erwarten sogar, dass die Kinder zum Schulbeginn rechnen, lesen und schreiben können. Ich habe es bei einem Elternabend in der Kindertagesstätte meines Sohnes selbst erlebt, wie ein türkischer Vater eine Diskussion mit der Erzieherin führte, warum seine vierjährige Tochter, die erst seit zwei Jahren in Deutschland lebte, noch nicht das Alphabet gelernt habe. Außerdem wünsche er, dass seine Tochter zu Schulbeginn auch schon die Zahlen kennt. Ich dachte, mich tritt ein Pferd. Bevor die Erzieherin antworten konnte, hatte ich mich schon zu Wort gemeldet und sagte dem Vater, dass es nicht Aufgabe der Kindertagestätte ist, Kindern das Lesen und Schreiben beizubringen, sondern dass er als ein Elternteil in der Pflicht sei, dies zu tun. Er selber spricht übrigens nur Türkisch mit seiner Tochter, während seine Frau überhaupt kein Deutsch kann. Die Erzieherin aber soll Wunder vollbringen.

Was geschieht beim Übergang in die Oberschule?

Was bringt Jugendliche eigentlich dazu, die Schule zu schwänzen oder nicht auf die Lehrer zu hören? Einerseits kann es natürlich an der Perspektivlosigkeit der Jugendlichen liegen, das allein ist aber nicht Grund genug. Ich denke, ihr aggressives Verhalten hat in erster Linie damit zu tun, welche Art von Erziehung sie im Elternhaus genossen haben, mit welchen Freunden sie rumhängen und in welchem Umfeld sie ihre Freizeit verbringen. Vor allem spielt der Übergang von der Grundschule in die Oberschule eine wesentliche Rolle, dieser Wechsel ist eines der wichtigsten Ereignisse im Leben eines Jugendlichen. In der Grundschule sind sie noch die Ältesten auf dem Schulhof und teilweise auch die Größten. In der Oberschule, also in der 7. Klasse, sind sie plötzlich wieder die Jüngsten und die Kleinsten. Hier an dieser Stelle entscheidet sich für die meisten Schüler ihr weiterer Werdegang. Sie haben die Möglichkeit, sich den fleißigen und anständigen Schülern anzuschließen oder sie entscheiden sich für die faulen und antriebslosen Schüler. Es kommt darauf an, wie stark die eigene Persönlichkeit des jeweiligen Schülers ist. Entweder kann er sich durchsetzen und sich für die fleißige Seite entscheiden oder er bewundert die bösen Jungs und wie die sich in der Schule benehmen. Diese Schüler haben die Macht an der Schule, kein Lehrer oder Schüler traut sich etwas gegen sie zu sagen oder kann sich gegen sie durchsetzen. Ich weiß das noch gut aus meiner eigenen Schulzeit, da habe ich mich den bösen Jungs angeschlossen, um nicht als Opfer dazustehen. Ich wollte so sein wie die Älteren auf der Schule, also habe ich zum Beispiel mit dem Rauchen angefangen wie die Großen, es war ja cool. Sobald sie sich hier für den falschen Weg entschieden haben, ist es für sie schwer, ihn wieder zu verlassen.

Was tragen Lehrkräfte und Eltern zur Erziehung bei?

Schon zu meiner Zeit haben wir versucht, unsere Grenzen auszutesten. Im Unterricht haben wir jeden Lehrer getestet und vor allem bei den Lehrerinnen haben wir geschaut, wie weit wir gehen können, und haben getestet wie belastbar die Lehrerin ist. Wenn wir Lehrkräfte hatten, die sich nicht durchsetzen konnten und keine Autorität besaßen, war schnell klar, wer die Klasse führte – und es war selten die Lehrkraft. Und das hat sich bis heute nicht geändert. Es gibt Lehrerinnen, die weinend aus der Klasse rauskommen, verzweifelt und mit der Situation überfordert. Je mehr Schwäche die Lehrer zeigen, desto mehr genießen die Schüler ihre Stärke. Was die Schüler brauchen, sind klare Regeln in der Schule. Es kann nicht sein, dass der eine Lehrer die Schüler im Unterricht essen und trinken lässt, während ein anderer Lehrer genau das untersagt. Der eine Lehrer erwartet, dass die Schüler zum Begrüßen aufstehen und ein anderer wieder nicht. Bei dem einen dürfen sie mit den Stühlen kippeln, bei dem anderen ist es verboten.

Es gibt noch zahlreiche andere Beispiele, die die Schüler durcheinander bringen und es überhaupt erst ermöglichen, dass genau die Lehrer, die auf mehr Ordnung und auf das Einhalten von Regeln achten, es immer schwerer haben, sich durchzusetzen. Hier müssen einfach klare Strukturen herrschen, die von der ersten bis zur zehnten Klasse aufgestellt und von allen eingehalten werden. Ich selbst habe Lehrer erlebt, die zwar das Trinken im Unterricht untersagen, aber selber die Thermoskanne im Unterricht rausholen und sich erstmal einen Kaffee einschenken. Ganz nach dem Motto: Diese Regeln gelten nur für die Schüler und nicht für die Lehrkräfte. In diesem Moment präsentiert sich die Lehrkraft als etwas Besseres als die Schüler und das führt nicht nur zu einem Konkurrenzkampf zwischen Schülern und Lehrern, sondern löst vor allem bei den Schülern das Gefühl aus, etwas Schlechteres beziehungsweise weniger wert zu sein.

Viele Schüler und Eltern ziehen die Lehrer zur Verantwortung, wenn es darum geht, wer schuld an den gestörten Verhältnissen ist. Die Eltern erwarten, dass die Schule den Schülern mehr Benehmen beibringt und diese gute Noten nach Hause bringen. Dabei tun viele Eltern nicht wirklich etwas dafür, dass aus ihren Kindern gute Schüler werden. Gleichzeitig erwarten sie aber dennoch viel von ihren Kindern. Sie entziehen sich der Verantwortung und deshalb mache ich auch den Eltern klar, dass die Schule nicht für die Erziehung ihrer Kinder zuständig ist. Schon gar nicht kann von den Lehrern nachgeholt werden, was die Eltern in den letzten Jahren verpasst haben, ihren Kindern an Erziehung mitzugeben. Von den Eltern kommt der Wunsch, dass die Lehrer strenger sein sollen. Ich weiß aber auch, dass genau das vielen Schülern eher schadet als dass es etwas Gutes bewirkt. Natürlich gibt es Schüler, bei denen nur noch Strenge hilft, aber der jeweilige Lehrer muss selber einschätzen können, mit wem er wie umzugehen hat.

Handtasche, Hackenschuhe und Trainingsanzug statt Schuluniform?

Wenn in der Oberschule nicht von Anfang an auf klare Regeln geachtet wird, kann man damit nicht in der neunten Klasse anfangen. Ich habe an Schulen gearbeitet, in denen die Schüler kein Schreibmaterial bei sich haben, die Mädchen in Hackenschuhen und aufgetakelt und die Jungs in Trainingssachen zur Schule kommen. Die Mädchen haben statt einer Schultasche ihre Handtasche mit und nur in wenigen Fällen habe ich erlebt, dass die Lehrerin eine Schülerin nach Hause geschickt hat, um ihre Schulsachen zu holen. Ich frage mich aber, ist es nicht Aufgabe der Eltern, darauf zu achten, wie ihre Kinder das Haus verlassen? Wenn wir es mit Schülern der neunten Klasse zu tun haben, haben wir es hier noch mit Kindern zu tun oder sind es schon Jugendliche? Wir haben schon in der Grundschule gelernt, unsere Schulsachen bei uns zu haben, und unsere Eltern haben darauf geachtet, was wir anhaben. Andersrum sagen wir, es geht hier um Jugendliche beziehungsweise um heranwachsende Jugendliche, aber behandeln wir sie auch wie Heranwachsende? Oder bemuttern wir sie noch? Trauen wir ihnen nichts zu? Haben wir Angst, sie mit dem Unterricht zu überfordern?

Ich habe im Rahmen der vertieften Berufsorientierung an verschiedenen Schulen gearbeitet. Schon bei meiner Vorstellung habe ich mit den Schülern die Regeln für den Unterricht gleich von Anfang an festgelegt und klar gemacht, worum es hier geht. Natürlich gab es meist auch schon Regeln in der Klasse, aber sie werden nicht immer eingehalten. Dann sage ich den Schülern, dass sie im Unterricht der vertieften Berufsorientierung ein Hemd tragen sollen. Sie reagieren dann sehr überrascht und fragen auch, warum dies gut sei. Ich frage die Schüler dann, wollt ihr wie Erwachsene behandelt werden? Wollt ihr lernen, wie man sich auf das Berufsleben vorbereiten kann? Sie bejahen meist meine Fragen und ich antworte ihnen, dass sie schließlich im Sportunterricht Sportsachen und im Schwimmunterricht Schwimmsachen anhaben. Also, warum sollten wir nicht im Unterricht der Berufsorientierung Kleidung anhaben, die man auch bei einem Bewerbungsgespräch anhaben sollte?

Die Schüler sind anfangs sehr skeptisch, merken aber dann mit der Zeit, dass sie auch von den Menschen auf der Straße ganz anders angesehen werden, wenn sie ordentlich gekleidet sind. Auch sagen sie, dass sie sich selber ganz anders verhalten, also zum Beispiel auch nicht auf den Boden spucken oder die Füße auf die Bank legen, wenn sie fein angezogen sind. Ich tauche in den Klassen mal mit Hemd und Krawatte und mal in Sportsachen auf. Dann sagen die Schüler, dass sie mich in Krawatte ernster nehmen als in Sportsachen. Ich finde, zu jedem Anlass sollte man auch die entsprechende Kleidung anhaben, das kann entweder aus Sicherheitsgründen sein, wie etwa ein Schutzhelm, oder auch aus Widererkennungsgründen, beispielsweise eine Uniform. Wenn es hier in Deutschland die Schuluniform geben würde, hätten sich viele Probleme bei den Schülern von selbst gelöst, z.B. das Thema Markenklamotten und den damit verbundenen Konkurrenzkampf unter den Schülern, von denen die, die Klamotten von «C&A» tragen weniger «cool» sind als die, die «Nike» oder «Adidas» tragen. Und zum anderen hätten sie ein vernünftiges und gepflegtes Erscheinungsbild in der Schule. Aber es wird ja seine Gründe haben, warum es in Deutschland keine Schuluniform gibt.

Wie ist das Verhältnis «Schule – Eltern»?

Der Kontakt zwischen Eltern und Lehrkräften ist ein ganz wichtiger Aspekt in der Schullaufbahn eines Schülers, denn nur wenn sich beide ausreichend austauschen, kann eine kontinuierliche Begleitung zustande kommen. Ich denke dabei zum Beispiel an meine eigene kleine Familie. Meine Frau und ich sind in der Frage der Erziehung unserer Kinder einer Meinung. Das macht es meinem Sohn schwerer, uns gegeneinander auszuspielen. Solange unsere Kinder mitbekommen, dass wir uns austauschen, zusammenhalten und uns gut verstehen, können sie nicht dazwischenfunken. Genauso oder ähnlich ist es auch in der Schule. Wenn sich die Eltern und die Schule nicht austauschen, können die Schüler dazwischenfunken und beiden das Bild über den anderen haben lassen, welches sie wollen. Wenn ich in eine Klasse komme, sagen mir die Schüler, dass ich besser unterrichten kann als ihre Lehrer und es mit mir mehr Spaß macht. Ich weiß aber auch, dass sie dem nächsten Lehrer das Gleiche erzählen werden, um Pluspunkte zu sammeln. Also gehe ich nicht darauf ein, sondern sage ihnen, dass sie das nicht miteinander vergleichen können. Ich mache etwas ganz anderes mit ihnen und ich bin auch kein Lehrer. Außerdem sollen sie nicht über eine Person sprechen, die nicht im Raum ist und sich nicht verteidigen kann.

Wenn die Eltern zum Elternsprechtag in die Schule kommen und dann erfahren, wie oft ihr Kind in den letzten Wochen gefehlt oder sich verspätet hat, bekommen sie einen Schock. Sie fragen sich dann, wie es sein kann, dass sie jeden Morgen ihre Kinder pünktlich aus dem Haus schicken und sie dennoch zu spät kommen, und warum ihnen die Schule davon nichts gesagt hat. Bei den meisten Schülern, deren Eltern ich zuhause besuchen gehe, gibt es mit der Zeit positive Veränderungen. Ich schließe zwischen dem Schüler, den Eltern und mir eine Vereinbarung. Genauer gesagt erstelle mit dem Schüler einen Orientierungsplan mit Fernzielen und unterteile diese in Nahziele. Wenn ein Schüler in der neunten Klasse ist und sich vornimmt, am Ende der zehnten Klasse den Realschulabschluss zu erreichen, dann fange ich damit an, mit dem Schüler Nahziele zu vereinbaren, die er auch schaffen kann, die also realistisch sind. Das heißt, sich auf die nächste Klassenarbeit vorzubereiten, seine Hefter zu aktualisieren, sich einen Lernpartner zu suchen, sein Vorhaben auch den Lehrkräften mitzuteilen oder zum Beispiel etwas an seinem Verhalten gegenüber den Lehrern und Mitschülern zu ändern. Hierbei werden auch Aufgaben an die Eltern und an mich verteilt, in einigen Fällen sogar auch an die Lehrer, wenn eine solche Vereinbarung zwischen dem Schüler und den Lehrern getroffen wird. Wichtig dabei ist, dass der Schüler mit Konsequenzen zu rechnen hat, wenn er die Vereinbarung nicht einhält, genauso wie er belohnt wird, wenn er sich an die Vereinbarung hält. Die Eltern können ihre Kinder sehr dabei unterstützen, ihre Ziele zu erreichen. Dazu müssen sie aber auch lernen, ihren Kindern zuzuhören und ihre Interessen zu unterstützen. Nur leider fällt gerade das vielen Eltern besonders schwer.

Ich hatte mal ein sehr interessantes Elterngespräch in Neukölln. Nachdem ich mit der Schulstation ein Gespräch über einen Schüler hatte, habe ich mich mit dem Vater getroffen. Der Schüler hatte sich in der Schule mit einem anderen Schüler gestritten und es war nicht das erste Mal, dass der Junge in der Schule negativ auffiel. Jedenfalls hat der Vater den Jungen angeschrien und seine Hand erhoben. Ich habe mich eingemischt und den Jungen aus dem Raum geschickt. Der Vater war sehr aufgebracht über meine Reaktion. Warum ich mich in die Erziehung seines Kindes einmische? Er weiß, wie er seinen Sohn zu erziehen hat, seinem Sohn fehle es an nichts. Ich antwortete ihm: «Wenn du noch mal die Hand hoch nimmst oder ich mitbekomme, dass du deinen Sohn schlägst, werde ich dich anzeigen.» Er regte sich noch mehr auf und ich versuchte, ihn zu beruhigen, indem ich ihm erklärte, dass ich ihm nicht sagen möchte, wie er sein Kind zu erziehen hat, sondern ihm einen Vorschlag machen möchte:

«Ich denke, ich kenne deinen Sohn besser als du ihn kennst.

Wie heißt denn seine Lehrerin?

Wie heißt denn die Schule, die dein Sohn besucht?

Welche Hobbys hat denn dein Sohn?

Was macht er gern, was macht ihm Spaß?»

Er wurde immer ruhiger und merkte schnell, dass ich Recht hatte, denn er konnte mir fast keine dieser Fragen beantworten.

«Lerne deinen Sohn kennen. Es reicht nicht aus, dass du ihm alles kaufst und die Erziehung der Mutter überlässt. Geh mit ihm raus spazieren und unternehmt etwas gemeinsam, geht zum Beispiel auf den Rummel, ins Schwimmbad oder zum Bowling.»

Der Vater versuchte sich mit der Begründung rauszureden, dass das alles zu teuer sei. Also gab ich ihm zwei Freikarten für einen Zirkusbesuch und er hatte keine Ausrede mehr. Mit dem Vater verstehe ich mich heute sehr gut, er kommt jetzt auch auf mich zu und nimmt meine Unterstützung dankend an. Hier ist es noch mal gut ausgegangen.

Ich habe aber auch Elterngespräche gehabt, bei denen der Vater das eigentliche Problem war und kein Weg dazu führte, an ihn ran zu kommen und mir am Ende sogar noch gedroht wurde. Die einseitige Sicht der Familien ist manchmal schwer zu knacken; die Familien nichtdeutscher Herkunft haben absolut kein Vertrauen in die Schulen oder in die Kitas. Ich denke sogar, wenn es die Schulpflicht nicht gäbe, würden viele von ihnen ihre Kinder nicht in die Schule schicken. Also ist es hier umso wichtiger, dass ein regelmäßiger Austausch zwischen den Lehrern und den Eltern stattfindet.

Was in den häufigsten Fällen auch gut hilft, ist, wenn sich Eltern mit Eltern austauschen, denn hier ist es mehr ein Ratschlag von Eltern zu Eltern. Es gibt Projekte an den Schulen, die genau dieses Ziel verfolgen. Dort soll den Eltern eine Begegnungsstätte geschaffen werden, in der sie sich austauschen können und zu der auch Lehrkräfte dazu stoßen können. Es sind dies die so genannten «Eltern-Cafés». Die Eltern treffen sich dort ein bis zwei Mal in der Woche und tauschen sich aus. Begleitet werden diese Eltern-Cafés von Sozialarbeitern. Da meist aber nur die Mütter kommen, sind dies oft auch Sozialarbeiterinnen, die, wie hier in Neukölln, selbst einen Migrationshintergrund haben. Wenn die Schulleitung dann noch kommt, um die Eltern zu begrüßen, fühlen sich diese sehr geehrt.

Kann man alle Kulturen und Menschen gleichzeitig erreichen?

In vielen Vereinen wird versucht, möglichst viele Jugendliche aus verschiedenen Kulturen zu erreichen. Wenn sich eine türkische Frauengruppe regelmäßig zum Frühstück trifft, wird kaum eine arabische oder deutsche Frau dazukommen, es sei denn, sie kennt die Frauen oder wird von einer der türkischen Frauen mitgenommen. Aber auch umgekehrt ist es nicht anders; wenn sich eine arabische oder deutsche Frauengruppe trifft, wird keine türkische Frau hinzukommen. Man fühlt sich eben unter Gleichgesinnten wohler und braucht sich für nichts zu schämen oder zu rechtfertigen. Wenn man sich anschaut, wer bei uns die Jugendeinrichtungen besucht, so liegt der Prozentsatz der nichtdeutschen Jugendlichen bei 90%, wenn nicht bei 100%. Wenn ich dort deutsche Jugendliche suche, werde ich nicht fündig. Doch wo bleiben die deutschen Jugendlichen dann? Sie sind im gesamten Kiez nicht zu bemerken; der Bolzplatz wird von den arabischen und türkischen Jugendlichen genutzt und die übrigen öffentlichen Plätze im Kiez ebenfalls. Die meisten städtischen Angebote, die sich an Familien richten, werden von den deutschen Familien genutzt und nur selten von Familien mit Migrationshintergrund. Die bleiben in ihren jeweiligen Vereinen, in denen ihre Sprache gesprochen wird. Ich finde, man sollte – statt die arabische Frau in einen türkischen Verein zu bringen oder die türkische in einen arabischen Verein – viel eher die Vereine zusammenbringen und sie anregen, gemeinsam Projekte durchzuführen. So wäre jeder mit seinen Gleichgesinnten da und man könnte sich darauf einigen, dass nur Deutsch gesprochen wird, damit alle etwas verstehen. Man kann eine Sprache nur dann lernen, wenn man sie auch benutzt und übt. Wenn hier noch eine deutsche Frauengruppe dazukommt, wäre das Vorhaben perfekt abgerundet.

Warum sitzen Männer und Frauen getrennt?

Ein anderer Fall, von dem oft gesprochen wird, sind Treffen von Migranten, bei denen die Männer und die Frauen voneinander getrennt sitzen. Passiert das in der Moschee oder auf dem Fest eines Migrantenvereins, wird das meist negativ aufgenommen. Die Frauen werden ja hier niedriger gestellt, heißt es dann. Aber wenn wir ehrlich sind: Ich zum Beispiel sitze lieber bei den Männern und habe dementsprechend auch die jeweiligen Themen, die mich interessieren und bei denen ich auch mitreden kann, statt nur rumzusitzen und nicht mitreden zu können. Ich könnte mir denken, bei den Frauen könnte es so ähnlich sein.

Natürlich hat diese Sitte auch etwas damit zu tun, was man gewöhnt ist. Wir haben es oft nicht anders kennen gelernt. Wenn wir Besuch hatten, kamen schon manchmal bis zu zwanzig Personen und man musste schon aus Platzgründen in zwei verschiedenen Zimmern sitzen. Wenn allerdings ein Pärchen zu Besuch kam, haben wir alle zusammen in einem Raum gesessen. War es in der christlichen Kultur anders? Wenn ich es richtig verstanden habe, haben die Männer und die Frauen bis vor 30 Jahren in der Kirche auch getrennt voneinander gesessen. Das heißt doch nicht, dass die Frauen weniger wert sind als die Männer. Hier in Deutschland ist es doch auch nicht viel anders, oder wie kommt es, dass in der Politik viel mehr

Männer sind als Frauen? Warum gibt es weniger Frauen in den Vorständen der großen Unternehmen? Auch im Entertainment gibt es weniger Frauen als Männer, auch gibt es mehr Regisseure als Regisseurinnen, oder? Also war das schon immer ein Thema, das die verschiedenen Geschlechter betrifft und zwar in allen Kulturen und Religionen. Aber wie sieht es in der Kriminalität aus, sind Jungs gewaltbereiter als Mädchen?

Sind Mädchen genauso schlimm wie Jungs?

In meiner Arbeit mit den Jugendlichen habe ich viele Probleme von Jugendlichen kennen gelernt. Interessant ist dabei, dass die Probleme von Jungs und Mädchen sehr unterschiedlich sind. Bei den Jungs handelt es sich meist um Anzeigen bei der Polizei, Probleme mit den Eltern, in wenigen Fällen auch um Drogenprobleme, dafür umso öfter Schuldenprobleme. Bei den Mädchen sind es Probleme in der Schule, Liebeskummer und vor allem die Sorgen, die sie zuhause haben, wo sie im Haushalt helfen oder sich um ihre kleineren Geschwister kümmern müssen. Wenn es um das Thema Straftaten geht, könnte man fast den Eindruck gewinnen, dass es bei den Mädchen keine Vorfälle gibt. Aber das täuscht. In den Schulen kann man gut beobachten, dass es immer eine Mädchengruppe gibt, die das Sagen unter den Mädchen hat, genauso wie bei den Jungs. Nur dadurch, dass es bei Mädchen kleinere Gruppen sind, die von Wenigen dominiert werden, fallen sie nicht gleich auf.

Als ich noch im Nachbarschaftsheim Neukölln tätig war, kamen gegen Mittag zwei Jungs auf mich zu und sagten mir, dass es heute um vier Uhr auf dem Schierker Platz eine Schlägerei zwischen Sandra und einem anderen Mädchen geben wird. Sandra wolle ein Messer mitbringen, um die andere abzustechen. Ich begab mich auf den Bolzplatz, hörte mich etwas um und es schien als hätten die Jungs Recht. Ich meine, fast der gesamte Kiez wusste davon. Sandra kannte ich noch aus dem nahe liegenden Jugendclub, also rief ich da an und erzählte dem Einrichtungsleiter von ihrem Vorhaben. Natürlich rief ich auch auf dem Polizeiabschnitt an und informierte die Wache. Dann haben wir uns, ein Betreuer aus dem Jugendclub, Polizeibeamte in Zivil und ich, für halb vier verabredet. Die Polizei sollte im Hintergrund bleiben. Umso weiter es auf vier Uhr zuging, desto mehr Jugendliche haben sich um den Platz versammelt; natürlich nicht, um die beiden Mädchen auseinander zu halten. Gegen 16.00 Uhr tauchten dann die beiden Rivalinnen auf; beide hatten zur Verstärkung Freunde mitgebracht. Als Sandra den Jugendbetreuer und mich sah, war ihr das unangenehm. Sie fragte auch gleich, warum wir hier und nicht im Jugendclub sind. Ich gab die Frage an sie zurück, und sie schilderte uns die Angelegenheit.

Die beiden Mädchen hatten sich in der Schule gestritten und der Vater des anderen Mädchens ist nach der Schule gekommen, hat Sandra angeschrieen und bedroht. Das wollte Sandra nicht auf sich sitzen lassen und ließ der Mitschülerin über eine Freundin mitteilen, wenn sie keine Angst vor ihr habe, dann solle sie heute um 16.00 Uhr auf den Schierker Platz kommen und einen Einzelkampf mit ihr austragen. Ich fragte sie nach dem Messer, das sie mitbringen wollte. Sie zögerte einen Moment und rückte das Messer schließlich raus. Gemeinsam mit dem Jugendbetreuer aus dem Jugendclub haben wir beide Mädchen zur Seite genommen und auf sie eingeredet.

Ich denke, hätten wir die Polizei von Anfang an dazu genommen, würden die Jugendlichen uns beim nächsten Mal nichts erzählen. Dadurch, dass wir einen guten Draht zu den Jugendlichen haben, konnten wir die Angelegenheit schnell und unkompliziert aus der Welt schaffen. Dieser Erfolg war nur möglich, da wir gut untereinander vernetzt sind und uns aufeinander verlassen können. Die Zusammenarbeit mit der Polizei ist natürlich nicht wegzudenken, nur ist es schwer, in solchen Fällen die Polizei von vornherein dabei zu haben, da sie gleich, wenn sie von einer Straftat erfahren, Anzeige erstatten müssen. Wäre die Polizei also von Anfang an dabei gewesen, hätte sie vielleicht beide Rivalinnen beiseite genommen und durchsucht. Anschließend hätten sie eine Anzeige wegen Waffenbesitzes bekommen. Damit wäre aber das Problem zwischen den beiden nicht geklärt und sie hätten die Schlägerei an einem anderen Tag veranstaltet. Daher haben wir die Polizei erst nachdem das Messer weg war dazugeholt, um am Schlichtungsgespräch teilzunehmen.

Eine weitere Situation konnte ich an einer Schule beobachten. Ich hatte einen Termin mit der Schulleitung, ich hatte noch etwas Zeit, also blieb ich draußen vor der Schule und wartete. Die Schüler hatten gerade große Pause und der Schulhof war voll. Minuten später tauchte eine Gruppe von etwa acht Mädchen auf, sie wollten zu einer Schülerin, um sie zu verprügeln. Als sie auf den Schulhof wollten, versuchte ein Lehrer, sie daran zu hindern. Das gelang ihm aber nicht: Die Mädchen haben sich davon nicht beeindrucken lassen und beschimpften den Lehrer. Ich habe mich erstmal zurückgehalten, um nicht die Autorität des Lehrers zu untergraben. Als sie aber immer lauter und aggressiver wurden, mischte ich mich ein und forderte die Mädchen auf, das Schulgelände zu verlassen. Im Gegensatz zu dem Lehrer haben sie sich mir gegenüber ruhiger verhalten, sagten mir aber, dass ich mich raushalten solle, da ich nicht wüsste, worum es geht. Ich sagte ihnen: «Lasst uns erst mal rausgehen und dann könnt ihr mir ja sagen, worum es geht.» Eines der Mädchen hatte ein Tuch um ihr Gesicht geschlungen, um nicht erkannt zu werden. «Nimm dein Tuch runter, wenn du dich mit mir unterhalten willst – und zwar gleich», forderte ich sie auf. Aber sie ignorierte mich und begab sich nach hinten. Ich sagte den Mädchen dann, dass die Schule schon die Polizei alarmiert hat und sie besser gehen sollten, bevor die Polizei da ist. Also machten sie sich auf und davon.

Als ich dann bei der Schulleitung war, fragte ich:

«Warum haben sie nicht die Polizei angerufen?»

«Wir versuchen, die Probleme in der Schule ohne die Polizei zu lösen!»

«Aber es hätte viel schlimmer kommen können, jemand hätte verletzt werden können. Immerhin waren die Mädchen bereit dazu und ihr Lehrer hätte es nicht alleine geschafft!»

«Ja, aber es ist ja nichts passiert, und wenn doch, dann hätten wir die Polizei dazu gerufen!»

«Aber dann wäre es schon zu spät gewesen.»

Hätte hier vielleicht ein Wachschutz geholfen?

Brauchen wir «Security» für die Schulen?

Am größten Teil der Gewalttaten in oder vor den Schulen sind Schulfremde beteiligt. Diese Erfahrung habe ich schon zu meiner Zeit gemacht. Wollte ich mir einen Schüler schnappen, mit dem ich noch etwas zu klären hatte, bin ich einfach zu seiner Schule gegangen – und keiner konnte mich davon abhalten. Die Schulen haben nie die Polizei gerufen; später jedoch haben mich Schüler oder Lehrer bei der Polizei auf Fotos wiedererkannt. Ich glaube, wenn die Schule gleich die Polizei gerufen hätte, wäre ich wohl weggerannt. Aber ich hatte ja nicht viel zu befürchten und konnte mein Vorhaben zu Ende bringen.

Einmal kam mein Bruder nachhause und hatte einen Verband um seinen rechten Arm. Ich fragte ihn: «Was ist dir denn passiert?» – «Der Direktor hat mir die Hand umgedreht, weil ich einen Schüler in Schutz genommen habe. Er hat einen Schüler ausgelacht, weil der nicht lesen kann.»

Ich konnte es nicht glauben. Also machte ich mich am nächsten Tag auf den Weg zu seiner Schule, um mit dem Direktor zu sprechen. Der Direktor bat mich rein und als ich mich vorgestellt hatte und ihm sagte, worum es geht, lehnte er es ab, mit mir zu reden. Daraufhin machte ich die Tür hinter mir zu und schubste ihn:

«Und wie du mit mir reden wirst», sagte ich zu ihm. »Du kannst doch nicht einem Schüler die Hand umdrehen, was glaubst du, wer du bist?»

Er schrie um Hilfe, aber die Tür ging nur mit einem Schlüssel auf, also dauerte es bis jemand mit einem Schlüssel kam. Ich nahm ihn und warf ihn über den Tisch und drehte ihm die Hand um.

«Wenn du es noch einmal wagst, meinem Bruder die Hand umzudrehen, werde ich wieder kommen und dir den Arm brechen, hast du verstanden?»

Ich ging wieder raus und machte mich auf den Weg zu meiner Schule. Zwei Stunden später holten mich dann Beamte in Zivil aus der Klasse raus und nahmen mich auf den Abschnitt mit.

Wenn es eine Sicherheitsfirma gegeben hätte, hätte diese mich vielleicht davon abhalten können, auf das Schulgelände zu kommen. Dieses Problem wird derzeit in Neukölln angegangen, denn das Bezirksamt und das Schulamt haben das Problem erkannt und ich bin mir sicher: Das hier investierte Geld wird sich auszahlen. Ich habe mich mit Schülern aus Schulen unterhalten, an denen eine Sicherheitsfirma ist und die Schüler waren nicht sehr begeistert darüber.

«Fadi Abi (türkisch für großer Bruder), voll krass, wenn wir jetzt ins Sekretariat müssen, können wir nicht mehr wegrennen, ein großer Security-Mann bringt uns hin, ich schwöre!»

Ich daraufhin zu ihm: «Ist doch schön. Endlich lernt ihr, mehr Respekt zu haben, oder?»

«Nein Abi, vor dem haben wir keinen Respekt, aber wir trauen uns nicht ihn anzumachen, er ist viel größer und kräftiger als wir!» Na bitte, das Security-Konzept scheint aufzugehen, auch wenn Angst nicht das Ziel ist. Die Schüler sagen auch, sie haben zuviel Stolz, um sich von so einem Security-Typen was sagen zu lassen. Was aber verstehen die Jugendlichen unter Stolz?

Was bedeuten die Wörter «Stolz» und «Ehre»?

Das sind zwei Wörter mit denen unsere Taten oft in Verbindung gebracht werden, zum Beispiel der Ehrenmord. Wenn ein Jugendlicher als Hurensohn beschimpft wird, rastet dieser aus. Er fühlt sich in seinem Stolz verletzt und muss die Ehre seiner Mutter wieder herstellen, indem er dem anderen eine auf die Fresse gibt. Ich frage meine Jugendlichen oft: Was ist für Euch schlimmer, wenn einer Hurensohn zu Euch sagt, oder wenn Ihr die Polizei mit nachhause bringt? Was verletzt Eure Mama mehr? Genau, wenn jemand Hurensohn sagt, dann sind das Wörter, die ausgesprochen werden und wieder vergehen; die haben die Mama außerdem nicht einmal erreicht. Wenn Ihr aber was angestellt habt und die Polizei Euch nachhause bringt, ist es viel schlimmer. Eure Mama wird sich extrem schämen und sich nicht mehr auf die Straße trauen, damit sie keiner anspricht. Also noch mal, was ist schlimmer? Was bedeuten eigentlich die Wörter Stolz und Ehre für Euch?

Sie antworten dann damit, dass sie auf ihr Land, ihre Religion oder ihrer Familie stolz sind. Aber wie kommen sie eigentlich darauf? Sie kennen ihr Land, also das Land aus dem ihre Eltern kommen, nicht und schon gar nicht die Religion. Meistens können sie ja noch nicht mal die Sprache richtig sprechen oder schreiben. Nur selten antwortet mir ein Jugendlicher damit, dass er stolz auf sich ist und darauf, was er erreicht hat. Häufig fragen sie dann mich, was ich unter Stolz verstehe und worauf ich stolz bin.

Ich bin stolz auf das, was ich erreicht habe. Ich habe mein Leben ändern können, ich habe eine Ausbildung zum Bürokaufmann gemacht, habe eine eigene Familie gegründet und, und, und. Stolz ist für mich, wenn jemand mit sich selbst und mit dem, was er erreicht hat, zufrieden ist. Besonders glücklich bin ich darüber, dass meine Eltern stolz auf mich sind.

Ehre ist für mich einerseits mein Gesicht zu wahren und dafür grade zu stehen, was ich sage und verspreche. Deshalb gibt es auch das Wort «Ehrenwort». Wenn mir jemand vertraut, ist das ein besonderes Gefühl von Ehre, es ist sowas wie eine Bestätigung dafür, dass ich ein guter Mensch bin.

Man kann selbst dafür sorgen, dass man seine Ehre nicht verliert. Aber es gibt auch nichts, was es rechtfertigt wenn man mordet um seine Ehre zu schützen, denn dann hat man seine Ehre erst wirklich verloren. Das gilt auch für die so genannten Ehrenmorde; sie werden von keiner Religion befürwortet, auch nicht im Islam, denn hier ist Mord, genau wie im Christentum, eine Sünde. Und es spielt auch keine Rolle, was die Schwester oder der Bruder angestellt haben, oder ob es Ehrenmord (bei Migranten) oder Eifersuchtsdrama (bei den Deutschen) genannt wird. Es ist einfach feige und kriminell und hat mit «Ehre» nichts zu tun.

Warum mögen uns die Deutschen nicht?

Wenn ich mit den Jugendlichen zusammenkomme, reden wir über Vieles und mitunter auch über das Thema Ausländerfeindlichkeit. Sie gehen davon aus, dass die Deutschen uns nicht mögen. Dann frage ich sie:

«Mögt ihr euch eigentlich selbst untereinander? Wenn ihr untereinander redet, beschimpft ihr euch doch mit ‹Scheiß Araber› oder ‹Scheiß Türke›. Mit diesen Äußerungen seid ihr auch nicht besser als die rechtsradikalen Deutschen, denn damit seid ihr genauso fremdenfeindlich. Ist es da verwunderlich, dass manch Deutscher so über uns denkt?

Es gibt viele Deutsche, die kaum etwas mit uns Ausländern zu tun haben und das Wenige, was sie wissen oder sehen, ist, wie wir uns auf der Straße benehmen oder in der Schule verhalten. Seht euch doch mal selbst an. Auf der Straße sind wir es, die mit lauter Musik aus dem Handy durch die Straßen ziehen und die Schalen unserer Kürbiskerne auf den Boden spucken. Und in den Schulen haben wir kaum Respekt vor unseren Lehrern. Wir sind es, die deutsche Kinder abziehen und verprügeln, weil wir Angst davor haben, unsere eigenen Landsleute zu berauben oder zu schlagen.

Wenn wir weggehen wollen, um zum Beispiel einen Kaffee mit unserer Freundin zu trinken, suchen wir uns ein Café aus, in dem möglichst keine Ausländer sind, damit keiner unsere Freundin anmacht, oder? Also versteht ihr nun, warum manch ein Deutscher so negativ über uns denken könnte?»

Nur mit Clubkarte, hast du eine?

In den Diskotheken ist es kaum anders, kaum eine Diskothek hat mich reingelassen und alle stellten mir die gleiche Frage: «Hast du eine Clubkarte?» Ich ärgerte mich jedes Mal darüber, später aber habe ich selber jahrelang in einer Diskothek in Berlin gearbeitet und was ich dort erlebt habe, hat das alles leider nur bestätigt. In den mehr als sechs Jahren habe ich kaum eine Auseinandersetzung mit einem deutschen Gast gehabt. Wenn es Ärger gab, waren es überwiegend Leute nichtdeutscher Herkunft, genauer gesagt, es gab Zoff mit arabischen oder türkischen Leuten. Wenn wir mal einen Gast arabischer Herkunft rausbrachten, konnten wir fast immer damit rechnen, dass es vor der Diskothek weiterging.

«Weißt du eigentlich, wer ich bin?»

«Nein, wer bist du denn?»

«Ich bin Ali aus Moabit»

«Na dann hallo, ich bin Fadi aus Neukölln, schön dich kennen zu lernen!»

«Ich werde den und den holen, dann wird euch der Spaß vergehen. Ihr wisst nicht mit wem ihr euch hier anlegt, mich hat noch niemand aus einer Diskothek rausgeschmissen, das wird noch Folgen für euch haben, ich werde euch abstechen! Ich habe mir euer Gesicht gemerkt, ihr werdet schon sehen, was ihr davon habt!»

In den meisten Fällen sind das zum Glück nur Sprüche, aber in einigen Fällen kommt der eine oder andere tatsächlich mit Freunden oder Familienangehörigen zurück. Es ist auch nicht immer leicht, einzuschätzen, wie gewaltbereit sie wirklich sind oder ob sie bewaffnet sind. Es kam auch schon vor, dass tatsächlich Waffen eingesetzt wurden und es sogar Verletzte gab. Doch Sprüche wie: «Ich merk mir dein Gesicht», hören nicht nur Türsteher, sondern auch Polizisten, Lehrer, Jugendliche oder Busfahrer.

«Arbeite beim Vater, wozu brauche ich eine Ausbildung?»

In den Klassen frage ich die Schüler auch nach ihren Berufswünschen. In den meisten Fällen wissen sie nicht, was sie werden wollen. Welche Ausbildungsberufe kennt ihr? Kfz-Mechaniker, Kosmetikerin, Arzthelferin, Verkäuferin und Friseur! Was denkt ihr wie viele anerkannte Ausbildungsberufe gibt es? Wir denken, es gibt etwas zehn bis zwanzig Ausbildungsberufe! – Es gibt etwa mehr als 360 anerkannte Ausbildungsberufe. Dann staunen die Schüler in der Klasse, aber ist das verwunderlich? Die Ausbildungsberufe, die ihnen einfallen, sind die, die sie kennen. Es sind die Berufe, die sie aus ihrer Umgebung kennen. Abgesehen davon, dass viele der Familien von Transfereinkommen leben, haben die anderen Eltern keine Ausbildung oder eine, die sie in ihren Herkunftsländern gemacht haben, die aber hier nicht anerkannt wird. Also bleibt den meisten Eltern nur noch die Möglichkeit, sich selbständig zu machen, indem sie eine Bäckerei oder einen Dönerladen eröffnen. Das kann man auch aus den Antworten und Einstellungen mancher Schüler raushören:

Schüler: «Ich brauche keinen Abschluss und auch keine Ausbildung, ich werde im Laden meines Vaters arbeiten.»

Ich: «Ach ja, das ist ja schön. Was hat denn dein Vater für einen Laden?»

Schüler: «Er hat einen Dönerladen und er hat mir gesagt, dass ich nach der Schulzeit bei ihm arbeiten kann.»

Ich: «Was machst du, wenn der Laden mal Pleite geht? Du

hast dann keine Ausbildung, also kannst du nicht woanders arbeiten.»

Schüler: «Egal, dann arbeite ich halt in einem anderen Dönerladen!»

Es ist ja nicht so, dass sich der Schüler für den gastronomischen Bereich interessiert, es ist eine Notlösung für seine schlechten schulischen Leistungen.

Ich: «Warum machst du keine Ausbildung in der Gastronomie, wie Restaurantfachmann, dann kannst du in verschiedenen Restaurants arbeiten?»

Schüler: «Ich schaffe niemals einen Realschulabschluss oder eine Ausbildung!»

Die Schüler, die eine Hauptschule im Wedding, Neukölln oder Kreuzberg besuchen, haben die Hoffnung längst verloren. Sie gehen davon aus, dass sie eh keine Ausbildungsplätze bekommen werden, schon gar nicht, wenn sie von der Hauptschule kommen. Ein weiterer Grund, warum sie keinen Ausbildungsplatz finden werden, ist weil sie Ausländer sind. Also wird vor allem den Deutschen vorgeworfen, dass sie ausländerfeindlich sind und die Schüler aufgrund ihrer Herkunft nicht einstellen. Sie machen es sich leicht, indem sie die Schuld einem anderen in die Schuhe schieben.

Als ich mal in den Schulen in Friedrichshain war, gaben die Schüler dort den Ausländern die Schuld dafür, dass es keine Ausbildungs- oder Arbeitsplätze für sie gibt.

Ich fragte die arabischen und türkischen Schüler:

«Kann es sein, dass je höher der Bildungsgrad, desto weniger von unseren Leuten vertreten sind, oder? Wie viele Araber oder Türken kennt ihr, die eine Ausbildung machen? Oder wie viele Araber oder Türken kennt ihr, die die Universität besuchen? Es ist traurig aber wahr, es werden immer weniger, oder? Aus ihrem Freundes- oder Familienkreis kennen sie kaum jemanden, der eine Ausbildung gemacht hat oder studiert. Sie selber trauen es sich auch nicht zu, später mal zu studieren. Wenn ich einem Acht- oder Neunklässler sage, dass er, wenn er in der zehnten Klasse einen guten mittleren Schulabschluss schafft, anschließend sein Abitur machen und dann studieren gehen kann, ist er sprachlos. Ich weiß natürlich, dass es nicht jeder schaffen wird, aber ich weiß auch, dass es jeder schaffen kann, der es wirklich will.

Das Känguru-Mädchen

Im Jahr 2003 gab es eine Auseinandersetzung mit einer Lehrerin und ihren Schülern. Damals war ein bestimmtes Video bei den Jugendlichen auf den Handys im Umlauf. Das Video zeigte ein Mädchen, das in ein Känguru verwandelt wurde. Das Mädchen hörte Musik in ihrem Zimmer. Als die Mutter die Musik leiser haben wollte, damit sie beten kann, regte sich das Mädchen auf und beleidigte die Mutter und den Koran. Die Mutter warf eine Decke auf das Mädchen und als sie die Decke wieder wegnahm, war das Mädchen in eine Tiergestalt verwandelt worden. Das war die Strafe Gottes für die Beleidigungen des Mädchens.

Die Lehrerin hat versucht, dieses Thema mit den Schülern einer Kreuzberger Schule zu behandeln; die Klasse bestand zu 98% aus Schülern nichtdeutscher Herkunft. Jedenfalls stellte sich die Lehrerin vorne hin und sagte den Schülern, dass es so etwas nicht gibt und dass Gott nicht in der Lage wäre, so etwas zu machen: «Ich werde es euch morgen beweisen. Ich bringe morgen einen Koran mit und werde diesen vor euch zerreißen und ihr werdet sehen, dass mir nichts passiert!»

Die Neuntklässler waren sehr aufgebracht und es wurde der Lehrerin auch gedroht, weil sie gegen den Koran ist und somit auch gegen den Glauben. Daraufhin gab es eine Konferenz mit der Lehrerin, Elternsprechern, Schulleitung, Polizei und mit mir. Ich brachte auch meinen Onkel mit, da er ein Imam ist und weiß, wie man mit so einer Situation umzugehen hat.

Die Schule bat uns nun, in die Klasse zu gehen und den Schülern zu sagen, dass die Lehrerin Recht habe mit ihren Äußerungen, dass Gott zu so etwas nicht in der Lage ist. Wir sagten der Schule: «Das können wir nicht machen, wir können in die Klasse rein gehen und uns mit ihnen über das Thema dieses Videos unterhalten. Dass das Video nicht echt ist, sondern es sich um eine Fotomontage handelt. Des Weiteren glauben wir Muslime an den Tag des jüngsten Gerichtes. An diesem Tag werden wir für unsere Taten zu Verantwortung gezogen.» Ich fragte die Lehrerin nach ihrer Religion und sie sagte mir, dass sie an nichts glaube, sie sei Atheistin. Ich denke, wenn die Lehrerin nicht Atheistin wäre, hätte sie vielleicht mehr Verständnis gezeigt und wäre mit dem Thema anders umgegangen. Ich denke auch, dass es der Lehrerin hier an interkulturellen Kompetenzen fehlte. Andersrum könnte ich mich ja auch vor eine Klasse stellen und über das Christentum sprechen, da es nicht mein Fachgebiet ist beziehungsweise ich nicht die nötigen Erfahrungen habe. Aber ich respektiere dennoch den anderen Glauben. Wenn ich in die Kirche gehe, ziehe ich mir einen Anzug an und höre mir an, was gepredigt wird. Aber ich bete nicht in der Kirche und das, denke ich, ist okay.

Schüler als Touristen in ihrer eigenen Stadt?

Ich war zusammen mit etwa zwölf Schülern aus der neunten Klasse einer Hauptschule auf dem Weg zu einer Veranstaltung. Ich habe ihnen verschiedene Fragen gestellt: War jemand von euch schon mal im Kanzleramt? Alle sagten, nein sie waren da noch nie. Und einer fragte mich, was ist eigentlich das Kanzleramt? – Niemand aus der Gruppe konnte diese Frage beantworten. Also fragte ich, wie unsere Bundeskanzlerin heißt. Weder auf diese Frage noch auf die weiteren Fragen wussten sie eine Antwort. Ich fragte: Wie heißt der regierende Bürgermeister von Berlin? Welche Bezirke wurden mit dem Wedding zusammengetan? Wie viele Bezirke hat Berlin? Wer kann mir die Bundesländer von Deutschland aufzählen?

Ich war sehr schockiert darüber und ich merkte, dass es den Schülern etwas unangenehm war. Alles, was außerhalb ihres Kiezes war, kannten sie nicht. Wie auch, wenn sie kaum aus ihrem Kiez rausgehen? Nachrichten hören oder lesen sie nicht und wenn dann sind es die, die ihre Eltern in ihrer Heimatsprache verfolgen, und die verstehen sie nicht.

Das mit dem Lesen ist so eine Sache bei den Jugendlichen, denn die meisten von ihnen haben nie gelernt, ein Buch in die Hand zu nehmen. Sie lesen ungern, ich war in ihrem Alter auch nicht anders und auch heute noch lese ich nicht besonders gern. Ich schlage ihnen vor, sich abends um 19:30 Uhr die Berlinnachrichten anzuschauen, dann wissen sie immerhin, was in ihrer eigenen Stadt los ist. Das Interesse ist aber nicht da bei den Schülern und es ist schwierig, sie dafür zu sensibilisieren. Aber es ist dennoch möglich. Ich unternehme mit ihnen Ausflüge ins Regierungsviertel und zeige ihnen die Stadt in der sie leben aus einer Sicht, die sie nicht kannten. Sie sind dann sozusagen Touristen in ihrer eigenen Stadt. Viele glauben nicht, was es hier alles gibt: von Parkanlagen bis hin zu Gebäuden, von denen sie noch nie was gehört haben. Anschließend sagen sie, das muss ich mal meinen Eltern zeigen, das wird ihnen sicher gefallen.

Was tun, wenn uns die Hände gebunden sind?

In dieser Branche hat man es mit sehr vielen Schicksalen von Menschen zu tun, und es ist nicht leicht, die eigenen Emotionen rauszuhalten. Noch schwerer ist es, die Probleme der Jugendlichen und Familien aus meiner Arbeit nicht mit nachhause mit zu nehmen. Es gibt Fälle, die mich auch nachts oder am Wochenende nicht loslassen, zum Beispiel wenn es um häusliche Gewalt geht, um Zwangsheirat oder andere Probleme in der Familie. Es ist leichter, über solche Ereignisse zu lesen als direkt mit den Betroffenen zu sprechen. Vor allem dann, wenn man nicht wirklich helfen kann. Der Druck helfen zu wollen, wird immer stärker, während die Enttäuschung darüber, doch nicht effektiv helfen zu können, in gleichem Umfang mitwächst. Mit den folgenden Fällen will ich diese Gefühle veranschaulichen:

Eine Schülerin muss heiraten
Ich hatte mal ein Gespräch mit einer Schülerin, die mir gleich zu Beginn sagte: «Ich werde eh keine Ausbildung machen, also wozu soll ich mich jetzt in der Schule anstrengen?»

Ich: «Aber du willst doch mal was aus deinem Leben machen, oder?»

Schülerin: «Nein, ich werde sowieso heiraten und dann zuhause bleiben bei meinem Mann und den Kindern!»

Ich: «Aber es dauert doch, bis du heiratest, was machst du bis dahin?»

Schülerin: «Ich werde mich diesen Sommer verloben und nächstes Jahr muss ich heiraten!»

Ich: «Ja, aber willst du keine abgeschlossene Ausbildung haben?»

Schülerin: «Nein, ich darf keine Ausbildung machen oder arbeiten gehen. Das wollen mein Mann und meine Eltern nicht!»

Ich: «Also lass mich raten, du heiratest einen Mann aus dem Dorf, oder?»

Schülerin: «Ja, woher weißt du das?»

Ich: «Und dein zukünftiger Mann hat auch keinen gelernten Beruf?»

Schülerin: «Ja genau, woher weißt du das, hast du mit meinen Eltern geredet?»

Ich: «Nein, aber das ist immer so, wenn der Mann keine Bildung hat, dann will er auch nicht, dass seine Frau Bildung hat. Bildung ist Macht und das wissen auch die Männer. Würdest du einen Mann heiraten wollen, der studiert hat, dann würde er dich sicher nicht nehmen, wenn du nicht wenigstens eine abgeschlossene Ausbildung oder Abitur hast. Da dein Zukünftiger aber keine Bildung hat, nimmt er dich auch ohne Schulbildung – wahrscheinlich auch gerade deswegen. Warum aber willst du einen nehmen, der keine Bildung hat?»

Schülerin: «Na ja weil …» – dann fing das Mädchen an zu weinen – «weil ich ihn heiraten muss. Meine Familie will das so. Es ist schon alles geplant, im Sommer fahre ich rüber und dann werde ich verlobt, und wenn er nach Deutschland rüber gekommen ist, werden wir heiraten!»

Das ist eine Situation, die ich in einer Schule erlebt habe. Ich wusste nicht, was ich machen soll. Mit den Eltern des Mädchens kann ich nicht über dieses Thema reden, denn dann würde ich das Mädchen in Schwierigkeiten bringen.

Ich schaute das Mädchen an und fühlte mich einfach hilflos in diesem Moment. Was soll ich tun? Wie kann ich diesem Mädchen helfen? Wie gehe ich mit dieser Schülerin um? So viele Fragen, die mich beschäftigten und mir auch schlaflose Nächte bereiteten. Ich sagte dem Mädchen, dass ich auch viele Mädchen oder Frauen kenne, die jetzt alleinerziehende Mütter sind und es bereuen, dass sie keine Ausbildung gemacht haben. Denn jetzt ist der Mann weg und die Frau steht alleine da. Ohne Arbeit, ohne Ausbildung und ohne Unterstützung aus der Familie. Daraufhin erzählte sie mir gleich von einer Verwandten, bei der es auch so ähnlich gekommen war. Sie würde jetzt allein leben, habe einen Sohn und hätte es geschafft, eine Ausbildung als Flugbegleiterin zu machen.

Eine Frau wird unterdrückt
Während meiner Arbeit in Neukölln lernte ich eine Frau kennen, die ihren Cousin geheiratet hat und jetzt seit zwei Jahren in Deutschland lebte. Die Familie hatte ebenfalls darauf bestanden, dass sie ihn heiratet. Denn so können sie auch nach Deutschland reisen, unabhängig davon, ob sie mit diesem Mann glücklich werden würde oder nicht. Jedenfalls kam diese Frau auf mich zu und brauchte Unterstützung in einer Angelegenheit mit ihrer Hausverwaltung. Ich übersetzte ihr das Schreiben und erstellte mit ihr ein Antwortschreiben für die Verwaltung. Sie war mir sehr dankbar für meine Unterstützung, reagierte jedoch auf meine Anregung, einen Deutschkurs zu besuchen, nur mit gemischten Gefühlen.

Ich fragte sie: «Warum besuchst du nicht einen Deutschkurs, dann könntest du in Zukunft alleine diese Briefe verstehen und beantworten?»

«Mal sehen, ich werde darüber nachdenken», sagte die Frau und ging wieder.

Nach einiger Zeit suchte sie meine Hilfe immer häufiger und ich ließ nicht locker, sie in einem Deutschkurs für Migrantinnen unterbringen zu wollen. Schließlich stellte sich heraus, dass sie gar nicht darüber nachdenken konnte, weil sie für einen solchen Kurs keine Erlaubnis von ihrem Mann bekommen hätte. Er hatte was dagegen, dass sie eine Schule besucht. Auch, wenn es nur zweimal für zwei Stunden in der Woche war, sie durfte nicht.

Sie hatte hier in Deutschland niemanden außer ihrem Mann und seiner Familie, die natürlich auf seiner Seite stand. Ich war der Erste, den sie hier in Deutschland kennen gelernt hatte, der beide Sprachen beherrschte. Nach und nach erzählte sie mir auch von ihren persönlichen Sorgen. Es waren natürlich keineswegs nur die Übersetzungsarbeiten, die sie belasteten, familiäre Probleme kamen dazu. Sie hat zwei Töchter mit ihrem Mann. Er ließ sie nicht aus der Wohnung, beziehungsweise sperrte er sie immer ein, wenn er das Haus verließ. Er selber ging nicht arbeiten. Wenn er rausging, dann um zu trinken und anschließend besoffen nachhause zurückzukommen. Er schlug seine Frau, und die Kinder trauten sich nichts zu sagen, denn sie hatten Angst vor ihm. Die Frau ist mittlerweile abgehärtet und wenn sie dann doch mal zum Deutschkurs kam, tat sie es heimlich, ohne dass er davon wusste.

Auch diese Situation belastete mich. Jedes Mal, wenn die Frau zu mir ins Büro kam, beschäftigte mich das noch den ganzen Tag. Ich konnte im Grunde genommen auch ihr nicht helfen. Wenn ich zur Polizei oder zum Jugendamt gegangen wäre, hätte sie aus Angst nicht gegen ihren Mann ausgesagt. Sie hat mich immer darum gebeten, niemandem etwas zu sagen, aus purer Angst, jemand könnte was mitbekommen. Ich sagte ihr, erst wenn sie sich dafür entscheiden sollte, dass sie und ihre Kinder das Haus verlassen wollen, kann ich ihr mit meinen Kontakten helfen. Sie fragte mich: «Wenn ich zur Polizei gehen würde, könnten die mich dann 24 Stunden lang beschützen? Also lebe ich lieber damit, dass ich hin und wieder geschlagen werde, als immer damit rechnen zu müssen, getötet zu werden.»

In den beiden hier eben geschilderten Fällen gibt es kein allgemeines Rezept. Aber eins habe ich doch gemerkt, ich konnte beiden helfen, indem sie sich aussprechen konnten. Sie waren froh, jemanden zu haben, der ihnen zuhört.

Gibt es einen Grund, der Schlagen erlaubt?

Nein, meiner Meinung nach gibt es keinen Grund auf dieser Welt, der das Schlagen rechtfertigt! Warum aber gibt es immer wieder solche Ereignisse in den Familien? Es gibt viele Plakate, Veranstaltungen und Vereine, die sich mit diesen Problemen auseinandersetzen und versuchen, die Betroffenen zu unterstützen. Aber hilft das wirklich? Es gab schon vor mehr als zwanzig Jahren Bücher und Reportagen von betroffenen Mädchen, aber hat sich hier etwas geändert?

Ich bin selbst Moslem, dennoch habe ich in meiner Familie noch nie davon gehört oder erlebt, dass jemand zwangsverheiratet wurde. Im Gegenteil, es ist bei uns sogar verboten, seine Tochter zu einer Ehe zu zwingen. Und vor allem ist es verboten, seine Frau oder Kinder zu schlagen. Meine Eltern würden mir die Hölle heiß machen, wenn ich meine Frau schlagen würde. Es gibt in Berlin Plakate und Postkarten, die darauf hinweisen, dass es Zwangsheirat gibt, und dass Mädchen selber entscheiden sollen, wen sie heiraten möchten. Doch diese Plakate, so finde ich, können oft nicht das erreichen, was sie erreichen sollen.

Natürlich kommt noch das Thema «Ehre» dazu, wenn es darum geht, was die Schwester macht. Diese Plakate und Postkarten erreichen nur in den seltensten Fällen die betroffenen Familien. Dafür erreichen sie allerdings deutsche Familien, die nur wenig mit Familien nichtdeutscher Herkunft zu tun haben. In den Köpfen der Deutschen wird auf diese Weise genau wieder das Bild geprägt, das ihnen zuvor häufig in den Medien präsentiert wurde. Das sind die Ausländer, die ihre Töchter oder Schwestern ermorden, weil sie die Ehre der Familie beschmutzt haben und das ist die Nachbarin von nebenan, die zwangsverheiratet wurde.

Es ist natürlich gut und richtig, dass man sich mit diesen Problemen auseinandersetzt, aber man sollte das Bild nicht gleich verallgemeinern, beziehungsweise auf alle hier lebenden Ausländer übertragen. Wenn man versuchen möchte, diese Probleme zu lösen, dann muss man auch an die Wurzeln ran. Wenn die Leute, die ihre Töchter zwangsverheiraten, ihre Familie bedrohen oder schlagen, sich dabei auf ihre Religion berufen, dann müssen wir mit den Moscheen zusammenarbeiten und diese dazu bekommen, mit den Familien zu sprechen. Es kommt außerdem darauf an, einen Teufelskreis zu verhindern. Denn wenn es einem Mädchen gelingt, aus seiner Familie abzuhauen, kommt es in ein Frauenhaus und anschließend in eine andere Stadt. Hier aber fangen viele der Mädchen an, sich erstmal auszuleben und geraten dabei häufig in Kreise, die mit Drogen zu tun haben. Ich habe während meiner Arbeit in der Diskothek viele arabische und türkische Mädchen kennen gelernt, darunter auch viele, die von zuhause weggelaufen sind. Sie waren anders als die Mädchen, die noch zuhause lebten und keine solchen Probleme hatten; sie sind selbstbewusster. Die Mädchen, die zunächst in Frauenhäusern und anschließend an anderen Orten lebten, waren häufig mit Männern aus der Drogenszene zusammen. Für diese waren sie leichte Beute. Da sie in der neuen Stadt niemanden kennen, an den sie sich wenden können, fallen sie solchen Drogentypen direkt in die Arme. Und nicht selten landen sie auch auf dem Strich. Sie tun mir wirklich leid und auch hier ist halte ich es kaum aus, dass ich ihnen nicht helfen kann. Die betroffenen Mädchen selbst sind seelisch häufig schon so kaputt, dass sie ihrer eigenen Situation gegenüber wie abgehärtet sind.

Und wieder ist der Islam schuld, warum?

Zwangsheirat und häusliche Gewalt sind natürlich keine Ereignisse, die nur in arabischen oder türkischen Familien vorkommen. In allen Ländern gibt es so etwas, aber man sollte auch nicht die Religion, wie etwa den Islam, dafür verantwortlich machen. Der Islam besteht wie das Christentum aus unterschiedlichen Gemeinschaften. Wenn in den Medien über Christen gesprochen wird, heißt es entweder die Katholische oder die Evangelische Kirche. Bei den Moslems wird selten genau gesagt, um welche Religionsgemeinschaft es sich handelt. Viele Deutsche, die ich kenne, haben erst durch den Irakkrieg erfahren, dass es auch Schiiten gibt. Es wird eben selten unter den islamischen Religionsgemeinschaften unterschieden. Wenn ich meine Schüler frage, ob sie wissen, was das Wort «Islam» bedeutet, können sie mir nicht antworten. Dann sage ich ihnen, dass das Wort «Islam» übersetzt «Frieden» bedeutet. Aber leider richten sich viele nicht danach. Die Schüler sagen zwar immer, wir sind stolz Moslem zu sein, aber sie wissen nicht viel über den Islam. Wenn sie sich an die Regeln des Islam hielten, würden sie nicht stehlen, schlagen, abziehen, kiffen oder Sachen kaputt machen und hätten viel mehr Respekt vor ihren Lehrern und anderen. Abgesehen davon gelten solche Regeln nicht nur für Moslems, es gibt sie auch bei den

Christen. Hier gibt es die Zehn Gebote. Viele meiner Schüler sind überrascht, dass auch die Christen solche Gesetze in ihrer Religion haben.

Früher nannte man ihn «Fundamentalisten», dann hieß er plötzlich «Islamist» und heute heißt es nur noch «der Islam». Warum wird der Islam immer mit negativen Ereignissen in Verbindung gebracht? Wenn sich ein Selbstmordattentäter in die Luft sprengt, heißt es, er habe das im Namen Allahs gemacht, was ich überhaupt nicht akzeptieren kann. Im Islam ist Selbstmord eine Sünde, genau wie bei den Christen. Wenn dann eine Fernsehreportage über die Tat eines Attentäters läuft, wird diese mit Texten aus dem Koran unterlegt, dann noch ein Bild des Korans und fertig ist der terroristische Moslem. Wird im Fernsehen dagegen über Priester berichtet, die sich an Kindern vergangen haben, wird natürlich nicht behauptet, dass dies mit deren Glauben oder ihrer Kirche zu tun hat. Denn das wäre auch völliger Unsinn. Hier wird der einzelne Priester für sein Tun verantwortlich gemacht und nicht die Kirche. Genau das versuche ich meinen Jugendlichen klar zu machen: Wenn ihr jemanden seht, der etwas falsch macht, dann macht ihn dafür verantwortlich und nicht sein Land, seine Religion, seine Kultur oder seine Familie.

Gibt es Unterschiede zwischen deutschen und nichtdeutschen Jugendlichen?

Wenn sie aus demselben Kiez kommen, gibt es kaum Unterschiede zwischen den Jugendlichen. Wenn sie aber aus verschiedenen Stadtteilen kommen, dann gibt es sie doch. Vor allem beim Drogen- und Alkoholmissbrauch gibt es große Unterschiede. Bei den migrantischen Jugendlichen wird eher

Cannabis oder Marihuana konsumiert und nur selten Alkohol. Es ist immer wieder zu beobachten, wie gerade Jugendliche arabischer Herkunft eine Tüte bauen und rauchen. Ein weiterer Teil der arabischen Jugendlichen handelt eher damit, raucht das Zeug aber nicht. Die deutschen Jugendlichen konsumieren weniger Cannabis und Marihuana, sie trinken viel eher und zwar beträchtliche Mengen. Wenn man mal darauf achtet, kann man das auf der Straße gut verfolgen. Jeder zweite Blick erfasst dann einen, der eine Flasche in der Hand hat. Die arabischen Jugendlichen nehmen dafür Drogen in Mengen zu sich, die einen nicht minder staunen lassen.

Ich habe viele Freunde durchs Kiffen verloren. Auch ich habe es mal probiert und zum Glück hat es mir nicht geschmeckt und vor allem habe ich gemerkt, dass ich auf nichts mehr Bock hatte, wenn ich was geraucht hatte. Selbst wenn ich am Abend gekifft habe, war ich am nächsten Morgen immer noch träge. Und das war mit einer der Gründe, warum ich keinen Bock auf Schule hatte. Bei meinen so genannten Freunden mit denen ich geraucht habe, habe ich gemerkt, dass, wenn ich mal nichts bei mir hatte, sie auch keine Zeit für mich hatten. Einige von denen haben es geschafft, mit dem Zeug wieder aufzuhören. Der Teil, der es nicht geschafft hat, ist in ärztlicher Behandlung und hat es zu nichts gebracht – oft wollen nicht einmal ihre Familien noch etwas mit ihnen zu tun haben.

Bei der Gewaltbereitschaft der Jugendlichen verhält es sich ähnlich. Auch hier ist die erste Frage immer, wo sie aufgewachsen sind. Die zweite Frage ist dann, ob sie alleine oder in der Gruppe sind. Dadurch, dass die Jugendlichen nichtdeutscher Herkunft schon von vornherein ein Problem als Ausländer in der Gesellschaft haben, sind sie natürlich vorbelastet. Sie lernen schon als Kinder, dass sie benachteiligt werden. Wer immer wieder damit zu tun hat, sich rechtfertigen oder durchsetzen zu müssen, tut dies auch in Konfliktsituationen. Man hat das Gefühl, nicht akzeptiert zu werden oder man muss doppelt soviel machen, um zu beweisen, dass man anständig ist. Das führt natürlich dazu, dass man abgehärtet wird und alles, was nicht klappt, auf die Ausländerfeindlichkeit der Deutschen schiebt.

Schon damals nach der Schule, wenn wir alle Schulschluss hatten und mit dem Bus nach Hause fahren wollten, hat der Busfahrer nur mich nach dem Fahrausweis gefragt und meine deutschen Mitschüler nicht. Warum? Oder wenn wir als Gruppe in eine Diskothek wollten: Alle, die wie Deutsche aussahen, wurden nicht nach ihren Ausweisen gefragt, ich aber schon. Und nur, wenn ich Glück hatte, durfte ich rein – warum? Wenn ich einen Laden betrete, werde ich eine Minute später vom Hausdetektiv verfolgt – weshalb? Wenn wir uns im Fitnessstudio anmelden wollten, hieß es, dass es derzeit keine Plätze gibt, aber wir kämen auf die Warteliste. Eine Woche später bekam ein deutscher Freund von mir im selben Studio einen Platz – wieso?

Die Gewaltbereitschaft einiger nichtdeutscher Jugendlichen ist ohne Frage sehr groß, aber hohe Gewaltbereitschaft begegnet einem leider auch bei Deutschen. Ich war mal im Bahnhof Lichtenberg, um jemanden abzuholen. Während ich auf den Zug wartete, kamen mir drei deutsche Jugendliche entgegen, vermutlich auch aus der rechten Szene, jedenfalls sahen sie ihrer Kleidung nach so aus. Sie sprachen mich an:
Der Erste sagte: «Na, sind wir hier auf dem falschen Bahnhof?» Dann meinte der Zweite: «Nein, ich würde sagen, der ist hier im falschen Land, oder?»

Ich versuchte, sie zu ignorieren und ging ein paar Schritte weiter. Sie kamen aber hinterher und riefen mir nach: «Hey, Kanake, wir reden mit dir!»

Niemand der anderen wartenden Gäste sagte etwas, sie schauten alle weg. Ich wusste nicht, was ich machen soll. Also drehte ich mich zu ihnen um und fragte: »Habt ihr ein Problem mit mir?» Sie zögerten kurz und sagten: «Ja, haben wir. Verschwinde von hier!»

Ich sagte, dass es besser wäre, wenn sie weitergehen würden und mich in Ruhe ließen. Doch sie kamen mir immer näher und da schlug ich einem von ihnen eine rein. Er fiel zu Boden, die beiden anderen rannten weg und riefen die Polizei. Ich versuchte der Polizei die Situation zu schildern, aber es brachte nichts, denn die Polizei hat den Dreien geglaubt und nicht mir. Natürlich hätte der Fall auch andersrum sein können: drei arabische Jugendliche gegen einen deutschen Jugendlichen, aber dann, glaube ich zumindest, hätte die Polizei anders gehandelt.

Je nachdem, welche Straftaten man sich anschaut, ist der Anteil der jeweiligen Jugendlichen größer oder kleiner. Zum Beispiel bei den Raubtaten ist der Anteil der arabischen Jugendlichen höher als der der deutschen Jugendlichen. Dafür ist wiederum bei den deutschen Jugendlichen der Anteil bei Sachbeschädigungen höher. Wenn die Jugendlichen in der Gruppe sind, sind sie natürlich viel mutiger und eher zu Gewalttaten bereit; schon alleine um in der Gruppe mehr Anerkennung zu bekommen.

Wenn es um die Arbeit geht, gibt es auch Unterschiede zwischen deutschen und nichtdeutschen Jugendlichen. Die nichtdeutschen Jugendlichen arbeiten eher bei «Burger King», «McDonalds» oder in Kfz-Werkstätten. Es gab mal einen Artikel in einer Zeitung, da hieß es: «Sind sich die Deutschen zu fein, um folgende Arbeiten zu machen?» Dann wurde eine Reihe von Berufen aufgezählt, in dem der Anteil der Deutschen sehr gering ist, wie bei «McDonalds», «Burger King», Kfz-Mechaniker und und und.

Früher habe ich meine deutschen Mitschüler beneidet. Während ich mein Zimmer mit drei Brüdern teilte, hatten sie ein eigenes Zimmer. Nach den Ferien erzählten sie von ihrem Urlaub am Strand und ich erzählte von meinen Ferien im Freibad. Sie sind meistens als Einzelkinder aufgewachsen und haben von zuhause mehr als wir bekommen. Zu den Feiertagen bekommen wir immer nur Geld und die deutschen Freunde von uns haben Geld und Geschenke bekommen.
Das war auch damals mit einer der Gründe, warum ich angefangen habe, andere abzuziehen. Ich wollte auch all die schönen und neuen Sachen haben, ich hatte aber leider kein Geld dafür.

Heute gibt es keinen Grund mehr dafür, dass abgezogen wird, dass Jugendliche sich treffen und Handys abziehen gehen, obwohl sie zwei eigene in der Tasche haben. Würden hier vielleicht mehr Kiezläufer helfen?

Ehemals Kriminelle als «Kiezläufer»?

In immer mehr sozialen Brennpunkten werden so genannte «Kiezläufer» eingesetzt. Sie sollen das Sicherheitsempfinden der Bewohner erhöhen und im Kiez für Ordnung sorgen. Doch es steht immer wieder zur Debatte, wer denn geeignet ist für diese Aufgabe. Sind es vielleicht ehemalige Kriminelle? Oder ist es vielleicht sinnvoll, eine Sicherheitsfirma einzusetzen? Reicht es aus, wenn diese Aufgabe von Sozialarbeitern übernommen wird? Meist werden so genannte MAE-Kräfte (1 Euro-Jobber) über soziale Träger eingesetzt. Und auch hier wird gefragt, ob das der richtige Weg ist.

Jedenfalls ist es doch schon mal schön, dass überhaupt etwas geschieht. Die Frage, ob es ausreicht, wenn man ehemalige Kriminelle einsetzt, kann ich klar beantworten: Nein, es reicht nicht aus, wenn man eine kriminelle Vergangenheit hat. Ich selber habe eine kriminelle Vergangenheit, das hilft mir sicherlich, die eine oder andere Sache mit anderen Augen als beispielsweise ein Sozialarbeiter zu betrachten. Ich kenne die Gesetze der Straße und mein Migrationshintergrund hilft mir, die Jugendlichen zu verstehen und insbesondere ihre kulturellen Hintergründe zu kennen. Meine Berufserfahrung hilft mir dabei, den Jugendlichen zu helfen und ihnen Ratschläge zu geben, beziehungsweise sie weitervermitteln zu können. Wenn man ehemals Kriminelle als Berater einsetzen möchte, muss man sie auf jeden Fall in bestimmten Bereichen weiterbilden, beispielsweise im Konfliktmanagement und in Mediation. Außerdem muss man sie mit den wichtigsten Grundrechten vertraut machen.

Die Jugendlichen auf der Straße haben mehr Vertrauen zu Streetworkern mit Migrationshintergrund und vor allem zu jungen Streetworkern. Wenn es dann noch jemand ist, der selbst im Kiez aufgewachsen ist, kennt er die Situation am besten und ist im Kiez bekannt. Ich hatte früher auch Probleme damit, wenn ein deutscher Sozialarbeiter zu mir sagte: «Ich weiß, wovon du sprichst», oder «Ich weiß, wie es dir geht.» Dann fragte ich ihn: «Aha, woher wissen Sie das denn?»

Ich habe schon mit vielen Jugendlichen gearbeitet und viele ihrer Erlebnisse auch selbst erlebt. Viele Sozialarbeiter kennen die Welt dieser Jugendlichen nur vom Hören und Sehen, aber sie haben selber nicht das durchgemacht, was die Jugendlichen jeden Tag erleben! Viele Sozialarbeiter sagen mir, dass sie nur zehn Prozent von dem einsetzen können, was sie an der Uni gelernt haben. Den Rest lernt man eben erst bei der Arbeit mit den Jugendlichen.

Es gab mal einen Film mit Mel Gibson mit dem Titel «Was Frauen wollen». In diesem Film kann er die Gedanken der Frauen hören und die Frauen sind begeistert, dass es endlich mal einen Mann gibt, der weiß, was Frauen wollen. So ähnlich ist es auch mit mir und den Jugendlichen: Ich kann sie verstehen. Ich war mal in einer Klasse an einer Weddinger Hauptschule. Als ich mich vorgestellt hatte, sagte ein Schüler türkischer Herkunft: «Na endlich mal einer, der uns versteht.» Er meinte damit nicht die türkische Sprache, sondern jemanden, der die Jugendlichen aus Wedding versteht; jemanden der weiß, wie es ist im Kiez aufzuwachsen; jemand, der die kulturellen Hintergründe kennt; der selber mal auf einer Hauptschule war und vor allem jemand, der unter 30 ist.

Bei den Kiezläufern in Kreuzberg ist es so ähnlich; die Medien stürzten sich auf die Vergangenheit der Kiezläufer und nicht auf ihre Stärken und Erfahrungen, die sie mit sich bringen. Ich finde sie als Vorbilder sehr geeignet. Denn heute machen sie genau das, was sie in ihrem früheren Leben nicht kannten: zum Beispiel Verantwortung zu tragen, eine wichtige Aufgabe zu haben und vor allem, dass sie sich für ihren eigenen Kiez einsetzen. Natürlich ist es auch keine leichte Aufgabe, durch den Kiez zu laufen und für Ordnung zu sorgen. Nicht alle Kiezbewohner lassen mit sich reden, wenn sie was angestellt haben und der eine oder andere wird sicher auch provozieren wollen. Die Idee des «Kiezläufers» ist auch keine völlig neue Idee. Ich selber war ja schon Ende der 90er bei den «Guardian Angels» und die haben genau die gleichen Ziele mit ihrer Arbeit verfolgt.

Gibt es in Deutschland «No-Go-Areas»?

Es wird auch von so genannten «No-Go-Areas», also Tabu-Zonen, Straßen und Orte, die aus Sicherheitsgründen vermieden werden sollen, gesprochen. Gibt es die in Berlin wirklich? Gibt es Straßen, wo ich als Bürger nicht hin sollte oder darf? Wer entscheidet darüber, wo ich hin darf und wohin nicht? Wer erklärt eine Straße oder einen Kiez eigentlich zu einer No-Go-Area? Eines ist sicher: In den Ostbezirken von Berlin gibt es auf jeden Fall solche Zonen, denn überall dort, wo die rechte Szene ist, können wir Ausländer nicht hin.

Ende der 90er-Jahre wollten wir zu fünft rausfahren, um das schöne Wetter am Wasser zu verbringen. Ein Freund von mir hatte vorgeschlagen, zum Helene-See in der von Nähe Frankfurt an der Oder zu fahren. Also machten wir uns auf den Weg dorthin. Am See angekommen, waren wir alle vom Strand begeistert. Es gab allerdings kaum Ausländer und gegen Abend wussten wir dann auch, warum. Ein Großteil der See-Besucher kam aus der rechten Szene. Je später der Abend wurde und umso mehr Alkohol sie intus hatten, desto lauter sangen sie fremdenfeindliche Lieder. Wir packten deshalb unsere Sachen und machten uns auf den Weg zum Auto. Da stellten sich uns einige in den Weg und provozierten uns. Zwei Sicherheitsleute, die am Strand patrouillierten, haben wir darauf hingewiesen. Sie wiesen uns aber überraschenderweise gleich an, den Strand zu verlassen, da der See für deutsche Badegäste gedacht sei und nicht für Kanaken wie uns. Also sah es schlecht aus für uns, zumal wir in der Unterzahl und unbewaffnet waren. Na ja, jedenfalls haben wir so gemerkt, dass das hier ein Gebiet ist, in dem Ausländer nicht erwünscht sind – eine No-Go-Area.

Andersrum gibt es auch Orte, zu denen sich Deutsche nicht hintrauen. Es gibt Straßen in Berlin, in denen es kaum noch einen

Deutschen gibt. Die Cliquen vor Ort würden einen deutschen Jugendlichen mit Sicherheit abziehen oder Ähnliches, denn sie denken sich: «Was hat der hier verloren, ist das vielleicht ein Bulle?» Diese No-Go-Areas gibt es also inoffiziell unter den Jugendlichen schon, sie beruhen auf den so genannten «Straßengesetzen», die es in allen Szenen gibt. Der Drogendealer aus dem einen Kiez hat im anderen Kiez nichts verloren und in der Türsteherszene haben die einen Geldeintreiber nichts in der andern Disko verloren. Aber auch bei den Cliquen herrschen diese Gesetze, ein Jugendlicher aus Neukölln geht nicht nach Spandau und umgekehrt genauso. Nur die Jugendlichen, die nichts mit irgendwelchen Cliquen oder der Untergrundszene zu tun haben, können gehen, wohin sie wollen, denn sie haben nichts zu befürchten. Das gilt auch für alle anderen Gruppen und Szenen. Die Zonen, die von den Jugendlichen oder im Untergrund als Herrschaftsgebiete eingeteilt worden sind, existieren natürlich nicht für alle. Sie gelten nur für die, die auch damit zu tun haben. Wenn also Herr Müller in die Disko geht, läuft er am Türsteher vorbei, zahlt seinen Eintritt, hat seinen Spaß und geht wieder nachhause. Ihn interessiert es nicht, wer an der Tür steht oder wer Schutzgeld einnimmt. Er selbst wird nicht mal besonders wahrgenommen, er ist ein Gast wie jeder andere und hat nichts zu befürchten.

Dolmetscher auf den Behörden

Viele Beamte und Mitarbeiter der Sozialämter, Arbeitsämter und anderen Behörden können ein Lied davon singen, wie schwer es ist, einem Hilfesuchenden zu helfen, der kein Deutsch spricht oder versteht. Wenn sie Glück haben, bringt der eine oder andere einen Verwandten mit, der übersetzt.

Während meiner Arbeit im Nachbarschaftsheim bat mich eine palästinensische Frau mitzukommen, um für sie zu übersetzen, da sie nie richtig verstanden hat, was die Mitarbeiter im Sozialamt von ihr wollen. Ich sagte ihr: «Aber Frau Ali, es gibt doch Dolmetscher auf dem Amt, die übersetzen?» – «Ja schon, aber ich verstehe ihn nicht!» – «Warum nicht?» – «Weil er aus Nordafrika kommt!»

Also bin ich mitgegangen, um mir ein Bild Vorort machen zu können. Als wir dann dran waren, sagte ich nicht, dass ich Deutsch kann, also holte die Mitarbeiterin einen Dolmetscher dazu. Als der Dolmetscher anfing, zu übersetzen, was die Mitarbeiterin von Frau Ali möchte, haben weder Frau Ali noch ich alles verstanden. Er hat aber so getan, als hätte er alles verstanden, was Frau Ali zu ihm sagte. Schließlich habe ich mich eingemischt und mich über den Dolmetscher beschwert. Ich fragte ihn (auf Deutsch), warum er nicht das übersetzt, was Frau Ali wirklich sagt, und dass er Frau Ali doch gar nicht verstehe.

Die Mitarbeiterin war für einen Moment irritiert und fragte, warum Frau Ali nichts verstanden hätte. Ich fragte den Dolmetscher nach seiner Herkunft, aber er antwortete darauf nicht. Ich sagte der Mitarbeiterin, dass der Dolmetscher entweder aus Tunesien oder Algerien komme und Frau Ali aus Palästina. Dies sind zwei ganz verschiedene Sprachen und es ist ein Unding, dass der Dolmetscher auch noch etwas Falsches übersetzt, anstatt zu sagen, dass er Frau Ali nicht versteht. – Kein Wunder, dass die Angelegenheiten mit Frau Ali nicht vorankamen. Ich bin mir sicher, dass es noch vielen anderen genauso geht wie Frau Ali.

Welche Partei soll ich wählen, SPD oder CDU?

Entscheidungen werden für viele Jugendliche von den Eltern oder von Freunden getroffen. Sobald sie achtzehn Jahre alt sind und wählen gehen dürfen, stehen sie dann plötzlich vor vielen Fragen. Unter anderem auch dann, wenn sie das erste Mal einzeln in die Wahlkabinen gehen. Davor aber kommen sie zu mir und stellen mir ihre Fragen.

Jugendliche: «Fadi, welche Partei wählst du eigentlich?»

Ich: «Das verrate ich euch nicht. Welche Partei ihr wählen sollt, müsst ihr schon selber entscheiden!»

Jugendliche: «Welche Partei ist die bessere, welche ist für uns Ausländer? Ich würde die SPD wählen, die ist für uns Ausländer. Die CDU will uns hier eh nicht, wa?»

Ich: «Wie kommt ihr darauf?»

Jugendlicher: «Letztens habe ich in den Nachrichten gehört, dass die CDU uns abschieben möchte, wenn wir was anstellen. Meine Eltern haben gesagt, die SPD ist die bessere Partei. Die wählen sie auch!»

Ich: «Ihr müsst euch mehr mit diesem Thema beschäftigen, um euch ein besseres Bild davon machen zu können. Die CDU ist nicht gegen Ausländer, es ging nur um das Thema straffällige Jugendliche, da ist der Satz mit der Abschiebung gefallen. Die NPD, die Nationaldemokratische Partei Deutschlands, ist gegen Ausländer, aber nicht die anderen.»

Jugendlichen: «Was ist denn Merkel für eine Partei?»

Ich: «Merkel ist CDU!»

Jugendliche: «Siehst du, und sie ist befreundet mit den Amerikanern und den Juden!»

Ich: «Erst mal macht Merkel eine, wie ich finde, sehr gute Politik. Schade, dass es nicht mehr Frauen gibt, die an der Macht sind. Zweitens pflegt Merkel das Verhältnis und die

Politik zwischen den Ländern in Europa und auf der ganzen Welt mit Deutschland. Das ist ihr Job.»

Jugendliche: «Warum schickt sie dann Soldaten in den Libanon und nach Afghanistan?»

Ich: «Die Bundeswehr ist nicht nur zum Kämpfen da, sondern auch, um beim Wiederaufbau zu helfen. Und die Schiffe im Libanon achten darauf, dass es ruhig bleibt. Aber kommt mal wieder zurück nach Deutschland. Ich bin auch kein Experte in diesem Bereich. Aber was ich weiß ist, dass beide Parteien ihre guten und ihre schlechten Seiten haben. Daher müsst ihr euch mehr mit der Materie auseinandersetzen und euch euer eigenes Bild machen.»

So machen es viele Jugendliche: Sie wählen die Partei, die auch ihre Eltern wählen oder von der sie glauben, dass sie für die Ausländer ist. Die Aktionen von Roland Koch zum Thema Jugendgewalt haben bei den Jugendlichen für Unruhe gesorgt und natürlich hat Koch im Namen der CDU gehandelt.

Und Bayerns Ministerpräsident Beckstein fordert, dass Migranten erst mal Deutsch lernen sollen und erst dann nach Deutschland kommen sollen. Dabei lernt man eine Sprache doch am besten und schnellsten im jeweiligen Land, oder etwa nicht? Dabei fällt mir ein: Hat Roland Koch schon mal mit deutschen Jugendlichen im Kiez gesprochen? Wenn nicht, dann komme ich gern zum Übersetzen.

Also, welche Partei ist die bessere? Die einzige Antwort die mir hierzu einfällt, ist, dass es sie nicht gibt, die perfekte Partei. Denn wie bei der Suche nach dem richtigen Partner gibt es nie den perfekten. Wir haben immer etwas auszusetzen, entweder der Partner ist zwar kinderlieb, aber zu geizig, hat 'ne Top-Figur, aber nichts im Kopf oder andersrum. Sicher ist nur: wir meckern ständig über andere, schauen aber selten auf uns.

Warum beklagen wir uns, ändern aber nichts?

Beim Rummeckern sind wir die Nummer eins. Es gibt nur wenige Menschen, die sich einfach mal unterhalten können, ohne sich über dieses und jenes auszulassen oder zu beschweren. Darin sind wir Araber einfach besonders gut.

Meine Frau und ich schenkten mal ihrer Tante zum Geburtstag einen Tag lang einen Fahrer und Bodyguard zugleich. Das war ein Freund von mir, der in diesem Bereich tätig ist, das wusste die Tante aber nicht. Er sollte sie und ihren Mann zu einem Musical bringen und später wieder zurückfahren. Jedenfalls sagte mir mein Kumpel am nächsten Tag: «Weißt du Fadi, was mich am meisten gewundert hat, als ich gestern die Tante und ihren Mann gefahren habe?» «Nein», antwortete ich und er sagte mir: «Während der ganzen Fahrt haben sie sich über dieses und jenes unterhalten und nicht ein Mal haben sie über jemanden gelästert. Wenn ich einen Araber gefahren hätte, wäre es ganz anders gewesen. Unsere Leute fangen gleich an mit: Hast du gehört was die Familie X oder die Tochter von Y gemacht hat.»

Genau das, was mein Kumpel festgestellt hat, findet immer wieder statt. Die Leute reden über den und den, aber sind selber nicht besser. Bei uns Arabern ist es immer dann besonders schlimm, wenn ein Jugendlicher was angestellt hat. Wenn ein Mädchen mit einem Jungen gesehen wird, sich eine Familie einen neuen Wagen holt oder was auch immer, wird in der Nachbarschaft sofort geredet. Als Quartiersmanager erlebe ich es jeden Tag: Die Kiezbewohner beschweren sich über Vieles im Gebiet und wenn ich ihnen sage, dass sie sich daran beteiligen sollen, ihren Kiez zu verbessern, dann haben sie plötzlich keine Zeit dafür. Die Familien mit Migrationshintergrund sind besonders gut darin, sie kommen zu keinem Treffen im Kiez, geschweige denn zum Elternabend in der Schule. Die Deutschen erlebe ich in der Kneipe nicht anders, sie sitzen schon vormittags in der Kneipe und saufen sich einen an, dabei beschweren sie sich über die hohe Arbeitslosigkeit, über die Ausländer und wie schlecht es den Deutschen hier in der Gesellschaft geht. Es gibt diese Meckertanten auf beiden Seiten und beide tragen eine Menge dazu bei, dass sich nicht viel ändert und die Vorurteile bestehen bleiben.

Schlachten wir unsere Tiere in der Badewanne?

Mich hat mal einer gefragt: «Ist es wahr, dass ihr zum Opferfest schlachten müsst?» Ich sagte ihm: «Ja, das ist richtig, warum fragst du?» – «Ich habe mal gehört, dass ihr ein Schaf mit nach Hause nehmt und dieses in der Badewanne schlachtet!»

Ich musste erstmal lachen und dachte, er will mich auf den Arm nehmen! Doch seine Frage war ernst gemeint. Ich sagte ihm, dass das Opferfest das höchste islamische Fest ist und dass wir, die hier lebenden Muslime, nicht die Möglichkeit haben zu schlachten. Also schicken wir Geld in den Libanon und lassen dort ein Schaf schlachten. Das geschlachtete Schaf wird dann an die armen Menschen verteilt. Wir haben in dieser Zeit vier Feiertage und es gibt auch Geschenke. Die Kinder freuen sich immer besonders über das Geld, das sie geschenkt bekommen.

Er fragte mich weiter, wann das Opferfest immer stattfindet. Ich erklärte ihm dann, dass das Opferfest nicht immer am selben Tag ist. Da wir im Islam eine andere Zeitrechnung haben als in Europa, kann das Opferfest in allen Monaten vorkommen. Übrigens genauso, wie unser Fastenmonat *Rama-*

dan. Nach der islamischen Zeitrechnung schreiben wir jetzt das Jahr 1428. Die Verschiebung findet rückwärts statt, meist sind es circa elf Tage. Also, wenn das Fest im letzen Jahr am 12. September war, ist es dieses Jahr am 1. September.

Theorie und Praxis oder: Zwei verschiedene Welten

Ich habe schon viele Konzepte gelesen, die die Arbeit mit Migranten fördern sollen. Bei den meisten konnte ich schon von vornherein sagen, dass sie scheitern werden. Warum? Der erste Grund ist meist die Wahl der falschen Mitarbeiter. Ganz nach dem Motto: Es soll zwar mit Migranten gearbeitet werden, aber es soll keine Mitarbeiter mit Migrationshintergrund geben, die die Migranten verstehen könnten. Der zweite Fehler, der des Öfteren gemacht wird, ist die Methode, mit der gearbeitet werden soll. Meist geht man davon aus, dass ein Angebot automatisch von den Familien genutzt wird. Wie das Angebot den Familien näher gebracht werden soll, wird nicht erläutert.

Deshalb stellen sich folgende Fragen: Wie können Migranten erreicht werden? Wie können die Angebote für Migranten interessant gemacht werden? Schließlich kann ich mit einem Medikament nicht alle Krankheiten heilen, oder? Es gibt für jede Krankheit das richtige Rezept. Ich will die Migranten nicht mit Krankheiten vergleichen, aber vom Prinzip her gesehen ist es doch logisch.

Ich war mal auf einem Abschnitt und gemeinsam mit einem Beamten haben wir uns über die Broschüren unterhalten die es von der Polizei zum Thema Straftaten gibt. Ich fragte den Beamten: «Gibt es keine Kriminellen mit arabischem Hintergrund?» –«Doch, warum fragst du?» – «Ich sehe hier nur eine Übersetzung ins Türkische, aber keine ins Arabische, wie kommt das?» – «Wir arbeiten derzeit dran», sagte mir der Beamte. Ich erklärte ihm dann, dass es ganz wichtig sei, dass solche Informationen auch die arabischen Eltern und Ehefrauen erreichten, schließlich gibt es hier eine ganze Menge Straftaten, die passieren.

Es ist auch wichtig, Ort und Zeitpunkt sorgfältig zu planen. Wenn die Zielgruppe beispielsweise Frauen mit Migrationshintergrund sind, dann sollte man darauf achten, dass keine Männer den Kurs machen und dass der Ort, an dem das Projekt durchgeführt wird, ein neutraler Ort ist. Denn sonst werden die Ehemänner ihren Frauen nicht erlauben, teilzunehmen. Besonders wichtig ist hier die Uhrzeit. Wenn ein Projekt in den Mittagsstunden stattfindet, werden die Frauen nicht kommen, da sie in dieser Zeit das Mittagessen vorbereiten und den Haushalt machen. Denn der geht natürlich vor. Ist es in den Abendstunden, dürfen sie nicht kommen; und selbst wenn sie kommen möchten, geht es nicht aufgrund der Kinder.

Wenn die anderen Punkte geklärt sind, kommt es darauf an, welches Thema anliegt. Es gibt Themen, da werden die Männer ihre Frauen natürlich auf keinen Fall hinschicken. Geht es zum Beispiel um das Thema «Häusliche Gewalt»– und hier ist es egal, aus welchem Land die Frau kommt, ob Deutsche oder Nichtdeutsche –, wenn der Mann sie zuhause schlägt, wird er sie nicht hin lassen.

Ein besonders guter Weg an Mütter ranzukommen, sind ihre Kinder. Also erreicht man sie am besten über die Kitas oder Schulen. An die Väter kommt man meist über den Sport ran; ein gemeinsames Väter-Söhne-Turnier könnte sehr hilfreich sein. Bei den Familien mit Migrationshintergrund ist auch die persönliche Ansprache oft notwendig. Erst mal kommen lassen und ein Vertrauen aufbauen, dann kommen sie schon mit ihren Sorgen von alleine auf einen zu. Wir sollten nicht immer versuchen, ihnen die Themen vorzugeben, vielleicht bringen sie ihre eigenen Fragen mit. Der eine oder andere wird auch die Themen mitbringen, die wir ohnehin gern ansprechen würden.

Die Väter, die die Prügelstrafe anwenden, wollen meist nicht wirklich ihren Kindern wehtun, sondern machen dies aus Hilflosigkeit, Ratlosigkeit oder Verzweiflung. Sie sind auch dankbar, wenn ihnen jemand zeigt, dass es auch anders geht. Jemand, der ihnen Methoden zeigt und auch erklärt, wie diese umgesetzt werden können. Gerade die praktische Anleitung, wie eine gewaltfreie Erziehung funktionieren kann, ist wichtig. Denn aufzuklären, ohne konkrete Hilfestellungen zu geben, ist meist vergeblich. Wenn ich einem Schüler empfehle, eine Ausbildung zu machen, dann zeige ich ihm ja auch, wie er einen Ausbildungsplatz bekommen kann und lasse ihn nicht mit der Information allein.

Ganz wichtig ist auch, dass vertrauenswürdige Leute mitarbeiten. Das kann ein Mitarbeiter eines Migrantenvereins sein. Besser noch holt man gleich eine Moschee mit ins Boot; schließlich liegt den Moscheen auch viel daran, dass die hier lebenden Araber gut integriert werden. Es sollten am besten Leute sein, die bei der Zielgruppe ein hohes Ansehen genießen; also zum Beispiel ein Imam oder ein bekannter Arzt. Bei den Jugendlichen ist es ähnlich; wenn ich einen bekannten Rapper habe, werden sie ihm eher zuhören als irgendeinem Referenten.

Was ich nicht versuchen würde ist, gleich von vornherein verschiedene Nationalitäten in einer Gruppe zu mischen. Wenn es eine gut funktionierende Gruppe arabischstämmiger Frauen gibt, dann ist das schon ein großer Erfolg. Erst später würde ich versuchen, sie langsam mit einer Frauengruppe einer anderen Nationalität zu mischen.

«Wer war Euer Vorbild, Spider-Man oder ein Rapper?»

Ich bin ein Power Ranger, ich bin der Rote und du bist der Blaue, ok? Nein, ich bin Spider-Man und du bist Iron-Man, ok?! So höre ich die Kinder auf dem Spielplatz spielen. Wir haben schon als Kinder Vorbilder gehabt, es sind Figuren aus dem Kinderfernsehen oder Verwandte, die uns sehr beeindruckt haben: ein großer und starker Onkel, eine hübsche und erfolgreiche Tante oder der beliebte große Bruder. Wir folgen immer anderen Menschen und versuchen schon als Kinder, alles nachzumachen, um genauso zu sein wie die Großen.

Sie sind die ganz Großen für sie, die Jugendlichen himmeln sie an, sie kennen ihre Texte auswendig und hören den ganzen Tag lang ihre Musik. Es sind die Rapper denen sie zuhören, nicht den Lehrern oder ihren Eltern, geschweige denn den Politikern. Wer weiß, vielleicht wäre es ja eine Möglichkeit, dass Politiker ins Musikgeschäft einsteigen? Zum Beispiel das Projekt «19 Freiheiten» hat es uns vorgemacht: Hier wurden die Grundrechte auf kreative Art und Weise mit den Jugendlichen erarbeitet und am Ende gab es noch einen «echt coolen» Rap.

Die Rapper sprechen den Jugendlichen meistens aus der Seele. Sie sind selber Migranten und manche von ihnen sind in einem Kiez aufgewachsen. Die Songs sind zwar teilweise gewaltverherrlichend und mit vielen Schimpfwörtern, aber das ist nun mal die Sprache, die die Jugendlichen kennen. Ich befürworte keine Gewaltverherrlichung und keine Texte gegen Frauen oder andere Gruppen, aber wenn ich mit einem Jugendlichen sprechen möchte, dann muss ich das auch in einer Sprache tun, die er versteht. Wenn die Jugendlichen die Politiker im Fernsehen hören, dann verstehen sie kaum ein Wort davon. Ich habe mal ein kleines Handbuch geschenkt bekommen, es soll einem dabei helfen, die Politiker zu verstehen.

Wie das aussehen könnte, zeigt ein Beispiel in der Politikersprache und eins in der Jugendsprache:

Politikersprache: «In der heutigen Debatte ging es um den Bildungsstand der Schulabgänger und ihre Chancen einen Ausbildungsplatz zu finden. Es wird empfohlen, mehr präventive Projekte an den Schulen anzusiedeln, die dafür benötigten Mittel müssen freigegeben werden.»

Jugendfreundlicher: «Heute haben die Politiker gesagt, dass die Schüler besser auf die Ausbildung vorbereitet werden müssen, dazu sollen auch mehr Gelder in die Schulen gegeben werden.»

Was meint Ihr, welches Beispiel die Jugendlichen eher verstehen werden? Natürlich ist es das zweite Beispiel. Ich hätte auch schreiben können:

Übertriebene Jugendsprache: «Hey voll krass, die Jungs gehen von der Schule runter und kriegen keine Ausbildung, sie sind zu blöd dazu. Deshalb wollen die Politiker mehr Geld für die Schule geben, ich schwöre ya.»

Natürlich werdet Ihr mein Beispiel gut verstehen. Und es besagt genau das, was auch in der Politikersprache gesagt worden ist, oder? Die Rapper machen nichts anderes, sie sehen, wo die Probleme bei den Jugendlichen sind und schreiben ihre Texte darüber. Diskriminierung haben sie alle schon mal in irgendeiner Weise erfahren und wenn dann in den Texten darüber gesprochen wird, können sie schon ihre eigenen Erfahrungen mit einbringen.

Aber Gott sei Dank, es gibt nicht nur Rapper als Vorbilder, es gibt auch Sportler und andere Künstler als Vorbilder. In den seltensten Fällen sind die Väter ihre Vorbilder, von ihnen haben sie zwar gelernt, wie man sich als Mann durchsetzen kann, aber dadurch, dass viele von ihnen arbeitslos sind und selber keine Ausbildung haben, konnten sie ihnen nicht zeigen, wie es ist, wenn man arbeiten geht und so auf legale Weise Geld nachhause bringt. Bei den Rappern ist es anders; sie glauben es ist so leicht Geld zu machen, vor allem ist es etwas, was sie schaffen könnten – auch ohne Schulabschluss.

Ich versuche, ihnen Migranten zu zeigen, die es trotz eines Lebens im Kiez geschafft haben, etwas aus ihrem Leben zu machen und jetzt sehr angesehene Jobs haben. Wenn sie einen Jugendlichen kennen lernen, der bei «Volkswagen» seine Ausbildung macht, können sie es kaum glauben. Oder wenn ich ihnen etwas von meiner Geschichte erzähle, wie ich mal war, wie ich jetzt bin und was ich jetzt beruflich mache, dann möchte der eine oder andere auch gerne Sozialarbeiter werden. Vorbilder sind sehr wichtig für die Jugendlichen, sie brauchen jemanden, der sie führt und ihnen sagt, was sie zu tun haben. Jemand, der wie sie ist und sie versteht, jemand der das durchgemacht hat, was sie jetzt durchmachen. Sie brauchen niemanden, der ihnen etwas erzählt, was er aus einem Buch kennt. Mein Vater hat mir das immer wieder gesagt und ich war schon sehr genervt davon: «Lauf immer mit Leuten rum, die schlauer sind als du, dann kannst du nur schlauer werden und was dazulernen». Er hat Recht damit gehabt. Seitdem ich meine Gang verlassen habe und mir neue Freunde gesucht habe, hat sich mein Leben geändert.

2003 waren es die Quartiersmanager im Rollberg, die ich als Vorbilder gesehen habe. Sie kannten sich in vielen Fragen aus und vor allem waren es Frau Muhlak und Herr Duhem, die mich mit ihrer direkten und ehrlichen Art fasziniert haben. Dafür danke ich ihnen heute sehr, denn aus dem Grund wollte ich unbedingt auch ein Quartiersmanager werden.

Können wir Gut von Böse unterscheiden?

Die Kinder haben Helden als Vorbilder, wie Spider-Man, Superman oder Batman. Warum aber nehmen sie nicht den Joker, Batmans Gegner, als ihre Lieblingsfigur? Als Kinder konnten wir Gut von Böse unterscheiden und waren begeistert, wenn das Böse vom Guten besiegt worden ist. Können wir das heute noch genauso unterscheiden? Ich denke, mit der Zeit haben wir Enttäuschungen kennen gelernt, auch Enttäuschungen von Personen, die uns sehr viel bedeutetn. Wir können es nicht ohne weiteres wegstecken, es beschäftigt uns eine Weile lang, wenn nicht sogar ein Leben lang. In den Comics haben wir die Polizei als die Guten kennen gelernt. Aber mit der Zeit machten wir negative Erfahrungen mit ihnen, also änderten wir unsere Vorstellung von der Polizei. Bei den Eltern ist es ähnlich, die Eltern sind die ersten Vorbilder, die wir haben. Papa, warum ist das so? Papa, wie geht das? Das sind Fragen, die ich von meinem Sohn gestellt bekomme und das sind Fragen, die ich schon als Kind meinen Eltern gestellt habe. Ich bin davon ausgegangen, dass meine Eltern alles wissen und auch schon alles erlebt haben. Wenn sie meine Fragen aber nicht beantworten konnten, war ich enttäuscht. Genau hier ist die Gefahr, denn einige Eltern antworten ihren Kindern irgendwas, ohne dass sie die Frage wirklich beantworten können. Hauptsache, sie haben die Frage beantwortet. Aber die Kinder bekommen schnell mit, dass sie von ihren Eltern belogen worden sind und verlieren so ihr Vertrauen in die Erwachsenen.

Wir haben gelernt, wer Macht hat und lauter schreit, dem wird auch zugehört. Wenn sich unsere Eltern über uns geärgert haben, dann wurden wir angeschrieen und wenn wir dennoch nicht hören wollten, wurden wir bestraft. Also können wir es heute auch nur so umsetzen, wie es uns beigebracht und vorgemacht worden ist.

In uns allen steckt Gewalt. Ich würde sagen, wir alle sind in der Lage gewalttätig zu sein. Ich war damals auch sehr gewalttätig und habe mit der Zeit gelernt, meine Aggressionen unter Kontrolle zu haben und meine Probleme anders zu klären. Je nachdem, in welcher Situation wir uns befinden, trägt es dazu bei, dass wir ausrasten oder nicht. Wenn ein Mensch sich bedrängt fühlt, will er sich auch wehren. Und je nach Situation und den persönlichen Erfahrungen, die er hat, handelt er auch. Der Begriff Gewalt beinhaltet natürlich auch die verbale Gewalt, denn die ist meist noch schlimmer als die handgreifliche Gewalt. Ein blauer Fleck heilt nach ein paar Tagen, aber ich kann einen Menschen verbal sehr tief verletzen und die Wunde heilt meist nicht mehr. Aber beide Formen der Gewalt sind immer schrecklich.

Noch leichter ist es für uns, Gewalt auszuüben, wenn wir die Schuld einem anderen oder etwas anderem geben können. Als ich damals vor Gericht war, habe ich den Richter davon überzeugen können, dass meine derzeitigen Probleme an meinem Verhalten Schuld sind. Viele wissen, dass sie, wenn sie im Rausch jemandem was antun, wegen Unzurechnungsfähigkeit freigesprochen werden. Also trinken sie vorher und hinterher, damit sie ihre Taten dem Alkohol in die Schuhe schieben können.

Wenn die Jugendlichen in der Gruppe sind und die Aufforderung bekommen, etwas zu tun, können sie später die Schuld auf die anderen schieben. Schließlich haben die anderen einen ja dazu angestiftet. Wenn ein Jugendlicher zum Beispiel einen anderen abzieht, kann er später sagen: «Er hat mir gesagt, dass ich das machen soll.» Meistens würden wir dann zu ihm sagen: «Und wenn er sagt ‹Spring aus dem Fenster›, würdest du das dann auch machen?» Wir sind ja auch Meister darin, die Fehler immer bei anderen zu suchen, oder?

Wenn wir jemanden beurteilen sollen, dann suchen wir die Fehler und nur selten die Stärken des anderen. Ich habe das besonders in der Schule gemerkt. Wir haben so genannte «Kompetenzfeststellungen» mit den Schülern durchgeführt und am Anfang habe ich mir die Fehler aufgeschrieben, die die Schüler machten, um ihnen diese anschließend vorzutragen. Erst mit der Zeit habe ich gelernt, auch mal auf die Stärken des anderen zu achten. Denn warum sollen diese nicht ausgebaut werden? So wird auch die Motivation der Schüler gesteigert und nicht nur die Enttäuschung darüber, wie viele Fehler sie gemacht haben. Das sind die so genannten Erfolgserlebnisse, von denen sie meist wenig haben. Und sie freuen sich, wenn sie auch mal gelobt werden.

«Liebe mich dann, wenn ich es am wenigsten verdiene!»

Liebe mich, wenn ich es am wenigsten verdiene; denn, dann, brauche ich es am dringendsten!

Im Nachbarschaftsheim haben sie eine Jugendwerkstatt, in der Jugendliche mit Siebdrucken arbeiten können. Sie haben viele Plakate erstellt und eines hat mir besonders gut gefallen. Es zeigt einen kleinen Jungen, der traurig und ängstlich schaut und unter dem Bild steht: «Liebe mich, wenn ich es am wenigsten verdiene; denn dann brauche ich es am dringendsten!»

Dieses Poster ist genial, denn dieses Poster ist genau das Gegenteil von dem, was wir mit unseren Kindern machen. Wenn sie etwas angestellt haben, meckern wir sie an und bestrafen sie eventuell noch für ihren Blödsinn. Dieses Poster aber spricht den Kindern aus der Seele. Mir hilft dieses Poster bei der Erziehung meiner eigenen Kinder sehr. Jedes Mal, wenn eines meiner Kinder etwas anstellt, denke ich an dieses Poster und zeige meinem Sohn, dass ich ihn trotzdem lieb habe und er mein Sohn ist. Wenn ich mich über seinen Blödsinn zu sehr aufrege, dann habe ich gelernt, mich nicht gleich mit ihm darüber zu unterhalten, sondern erstmal mich selber abzuregen und dann auf das Kind zuzugehen. Nur so können Kinder lernen, zu lieben und nicht nur zu hassen. Wir machen es ihnen ja schließlich vor.

Ich war mal bei Verwandten zu Besuch und ein Nachbar streckte meinem Sohn die Zunge raus. Als mein Sohn dann dem Nachbar die Zunge rausgestreckt hat, meckerte der Nachbar gleich mit ihm und sagte ihm: «Das macht man nicht zu einem Erwachsenen, hörst du!» Ich habe mich tierisch darüber aufgeregt und sagte dem Nachbarn: «Wenn du nicht willst, dass der Junge dir die Zunge rausstreckt, dann streck du ihm auch nicht die Zuge raus!» Er war nicht sehr begeistert darüber, aber das war mir egal.

Resümee

Was hat mir den Kick gegeben, mich zu ändern?

«Herr Saad, was ist passiert, dass Sie ihre kriminelle Karriere geschmissen und sich geändert haben?» So lautet die Frage, die mir heute am häufigsten gestellt wird. Es ist natürlich keine Frage, die ich mit einem Satz beantworten kann. Aber selbst wenn ich es wollte, könnte ich es nicht. Es spielten dabei mehrere Faktoren eine Rolle. Es war das Umfeld, meine Denkweise, aber vor allem die Unterstützung meiner Familie. Ich habe eine Menge Fehler gemacht und dabei meine Erfahrungen gesammelt; ein Mensch kann aus seinen Fehlern lernen. Bei den einen oder anderen Sachen habe ich nicht auf meine Eltern gehört und musste so erst die Folgen spüren, um dann daraus zu lernen.

Einer der ersten Denkanstöße, die ich hatte, war der Aufenthalt in der Arrestanstalt Kieferngrund. Die drei Tage, die ich dort verbracht habe, waren so schrecklich für mich, dass ich mir fest vorgenommen habe, nie wieder eine Zelle von innen zu sehen. Es war alles andere als das, was ich von meinen Freunden und aus dem Fernsehen kannte. Aber es hat mir auch gezeigt, dass der Zug für mich abgefahren ist: Die Richter hatten nach mehreren Freisprüchen die Nase voll und haben angefangen, mich für meine Dummheiten zu bestrafen. Kurz gesagt, es war abschreckend für mich, so weiterzumachen wie bisher.

Nach dem Arrestaufenthalt war für mich besonders wichtig und hilfreich, dass mir vertraut wurde. Meine Eltern waren für mich da und haben mir eine zweite Chance gegeben. Mein Weg vom ‹bösen› zum ‹guten› Fadi war nicht ohne Hindernisse, aber ich hatte Leute, die an mich glaubten und mich in meiner schwierigen Lage und bei allen meinen Vorhaben unterstützten.

Dazu musste ich aber meinen Freundeskreis und die Orte, an denen ich mit ihnen rumgehangen habe, wechseln. Nachdem ich meinen Freundeskreis gewechselt hatte und so keinen Umgang mehr mit den Schulschwänzern hatte, verbesserten sich auch meine Schulnoten wieder.

Nachdem ich auch mal richtig Schläge kassiert habe, lernte ich erst, wie schmerzhaft es ist, einen Tritt ins Gesicht zu bekommen oder mit einem Schlagstock verprügelt zu werden. Dieser Übergriff gegen mich geschah Anfang 1997 und bis heute leide ich noch unter den Wunden von damals. Es sind auch einige Narben geblieben. Das ist auch gut so, denn jedes Mal, wenn ich in den Spiegel schaue, erinnere ich mich an den Überfall und auch daran, was ich anderen angetan habe. Denn ich habe damals auch genug Jugendlichen sehr wehgetan. Wenn ich könnte, würde ich mich gern bei jedem von ihnen entschuldigen.

Eins war jedenfalls klar, ich hatte eine zweite Chance bekommen und diese auch genutzt. Ich hätte all das auch nie ohne die Unterstützung meiner Familie geschafft. Ich bin aber froh, diese Erfahrungen gemacht zu haben, denn ich konnte eine Menge daraus lernen und kann all das jetzt weitergeben.

Wenn ich zaubern könnte, was würde ich verändern?

Ich habe mir mal vorgestellt, was ich alles machen würde, wenn ich zaubern könnte. Was würde ich tun, wenn ich die Macht hätte, die Gesetze ändern zu können?

Die Gesetze sind in vielen Punkten nicht ganz klar beziehungsweise haben Lücken. Zum Beispiel beim Tragen von Waffen. Wenn ich bei einem Jugendlichen ein Messer sehe, sagt er zu mir, das ist keine feststehende Klinge, und sie ist auch nicht länger als die Breite meiner Handfläche. Warum gibt es kein Gesetz, das das Tragen von Waffen völlig verbietet? – Egal wie lang eine Messerklinge ist, ob sie feststehend ist oder nicht. Ich würde ein Gesetz erlassen, das alle Waffen verbietet, ohne Ausnahmen. Genauso die Schreckschusswaffen. Bei uns ist es möglich, sich mit einem kleinen Waffenschein eine solche Waffe zu besorgen, sobald man über achtzehn ist. Wozu braucht man eine Schreckschusspistole? Ich habe einige Verwandte in Schweden und Dänemark und wenn ich es richtig verstanden habe, ist es dort verboten, Waffen, egal welcher Art, zu tragen.

Was mir aber besonders an Schweden und Dänemark gefallen hat, ist, dass die migrantischen Familien dort die jeweilige Sprache lernen müssen, wenn sie nicht arbeiten gehen und Transferleistungen beziehen. Das sollte hier auch mal eingeführt werden: Wer hierher kommt und hier leben möchte, sollte auch die Sprache lernen müssen. Es ist ja schon traurig genug, dass das nicht freiwillig gemacht wird.

Andersrum würde ich die «Schulpflicht» anders nennen. Ich weiß zwar nicht wie, aber ich weiß, dass die Dinge, die ich tun muss, mir weniger Spaß machen als wenn ich sie freiwillig mache. Und das ist sicher auch ein Punkt, warum die Schüler mit dem Schwänzen anfangen. Sie wissen es nicht zu schätzen, dass sie hier zur Schule gehen können und dürfen. In unseren Ländern ist das nicht selbstverständlich. Es kostet zuviel und daher gehen nur die Kinder zur Schule, deren Eltern es sich leisten können. Ich würde natürlich mehr Geld herbeizaubern und den Schulen welches geben, damit sie überhaupt die Möglichkeit haben, die ihnen gestellten Aufgaben bewältigen zu können. Heute werden den Schulen die Gelder aber immer mehr und mehr gestrichen, während auf der anderen Seite immer mehr von ihnen erwartet wird – ein Widerspruch in sich.

Dann würde ich mir auch wünschen, dass mehr Lehrer mit Migrationshintergrund an den Schulen unterrichten. Es gibt viele türkische und arabische Lehrer, die hier in Deutschland studiert haben und sich bewerben, aber leider keine Stellen bekommen. Ich habe einen Bekannten, der hier geboren ist und einen türkischen Hintergrund hat. Er studierte hier in Deutschland und er könnte mindestens die Fächer Mathematik, Geschichte und Deutsch unterrichten. Aber trotz mehrerer Bewerbungen beim Schulsenat hat er keine Zusagen für eine Stelle bekommen. Warum? Des Weiteren würde ich alle Schulen zu Ganztagsschulen machen, damit die Schüler mehr Gelegenheit haben, sich mit ihren deutschen Mitschülern zu unterhalten und gemeinsam zu spielen. In ihrer Freizeit haben sie kaum deutsche Freunde, sie treffen sich mit ihresgleichen und sprechen dann nur in ihrer Heimatsprache.

Neben den Ganztagsschulen würde ich die Grundschule und die Oberschule nicht voneinander trennen. Die Schüler würden von der ersten bis zur zehnten Klasse dieselbe Schule besuchen. Das hätte den Vorteil, dass die Lehrer jeden Schüler und seine Eltern kennen. Vor allem müssten wir dann nicht nach der sechsten Klasse entscheiden, in was für eine Schule der Schüler kommt. Ein Schüler weiß, dass er auf der Hauptschule keine guten Aussichten hat. Würde er aber auf eine Realschule gehen, hätte er einen besseren Ruf und bessere Chancen.

Wir wundern uns, warum die Familien ihre Kinder nicht in die Kita stecken. Wenn wir sie nach dem Grund fragen, sagen sie, wir wollen, dass unsere Kinder zuhause erzogen werden und nicht in der Kita. Außerdem ist es auch zu teuer geworden. Also würde ich sagen, dann lasst uns das Kindergeld nicht auszahlen und statt dessen die Kitaplätze kostenlos machen; genauso bei den Hortplätzen. So würde das Kindergeld wirklich den Kindern zugute kommen und nicht den Eltern. Ich kenne Familien, die das Erziehungsgeld nicht anrühren. Es wird auf einem separaten Konto gespart, um dann eine Eigentumswohnung in ihrer Heimatstadt zu kaufen.

Von den Migrantenvereinen und den Moscheen wünsche ich mir mehr Transparenz nach außen. Schließlich haben wir vonseiten des Islam nichts zu verbergen, denn den Koran gibt es auch auf Deutsch. Aber ich verstehe nicht, warum viele Vereine die Scheiben verhüllen und dann noch ein Schild an der Tür haben, auf dem steht: «Nur für Mitglieder», wenn sie nichts zu verbergen haben. Es gibt zahlreiche so genannte «Hinterhof-Moscheen» und niemand außer den Mitgliedern traut sich in diese Moscheen. Andererseits, wenn ich mir die Debatte anschaue, als es darum ging, eine Moschee in Berlin-Pankow zu bauen, verstehe ich es schon, wenn sich die Moscheen nur als Hinterhof-Moschee einrichten. Einerseits heißt es im Gesetz: «Die ungestörte Religionsausübung wird gewährleistet» – aber ist damit auch der Bau einer Moschee gemeint? Ich wünsche mir auch, dass die Moscheen mehr auf Deutsch predigen. Damit auch wir Deuraber etwas verstehen können oder ein Nichtmuslim kommen und mithören kann. Vor allem wünsche ich mir von den Muslimen, dass sie mehr Toleranz anderen gegenüber zeigen und nicht alles, was nicht islamisch ist, verurteilen. Wir haben im Islam gelernt, dass wir für alles, was wir hier tun, am Tag des jüngsten Gerichts bestraft werden. Also werden wir von Gott für unsere Taten verurteilt und nicht von den Menschen hier. Genauso ist es ja mit dem Gesetz in Deutschland: Wenn ich jemanden schlage und die Polizei kommt, wird sie mich nicht verurteilen, das macht erst ein Richter im Gericht.

Also wünsche ich mir, dass jeder Mensch den anderen Menschen das machen lässt, worauf er Lust hat: Egal, ob er Schweinefleisch essen möchte, ein Mädchen kurze Sachen anzieht, ob sie gläubig ist oder nicht, Kopftuch tragen möchte oder entscheiden möchte, wen sie heiraten will. Wir im Islam haben auch gelernt, dass wir niemanden zwingen dürfen, etwas zu tun, was er nicht will. Als Eltern sollen wir unseren Kindern den richtigen Weg zeigen und ihnen nicht unseren Weg aufzwingen.

Von den Medien wünsche ich mir, dass die Berichterstattung in Zukunft neutraler ist als es derzeit geschieht. Wenn etwas geschehen ist, dann soll es auch so berichtet werden, wie es war. Die Kultur, die Religion oder das Land, aus dem ein Täter kommt, sollte dabei keine Rolle spielen. Also, kurz gesagt: bei der Sache bleiben und auf den Punkt kommen. So kann sich jeder ein eigenes Bild über den anderen machen, ohne dass uns eines vermittelt wird, das von Vorurteilen getrübt ist.

Es wäre schön, wenn es bei der Polizei mehr Mitarbeiter mit Migrationshintergrund geben würde. Das Gleiche gilt natürlich für das Bezirksamt, die Politik und andere Behörden. Ich würde es zur Pflicht machen, dass auf jedem Abschnitt mindestens fünfzehn Prozent Mitarbeiter mit Migrationshintergrund arbeiten. In den Filmen aus der USA sieht man ja auch viele schwarze Polizisten, selbst solche in hohen Positionen. Ich weiß zwar nicht, ob das tatsächlich dort der Realität entspricht, aber es kommt gut rüber. Die Probleme, die es hier in Berlin gibt, sind nicht nur die Angelegenheit von deutschen Berlinern, sondern auch unsere. Wir leben ja schließlich auch hier, also nehmt uns mit ins Boot! Wir wollen nicht immer nur die Alibi-Migranten sein, die dazugerufen werden, wenn die Scheiße am Dampfen ist und man uns das Gefühl geben möchte: Wir reden ja mit euch und nicht nur über euch.

Die Mindestlöhne würde ich so erhöhen, dass es sich lohnt, arbeiten zu gehen statt Hartz IV zu beziehen. Es kann doch nicht sein, dass ein Arbeitsloser mehr verdient als jemand, der den ganzen Tag arbeiten geht. Eine Friseurin arbeitet ca. 50 Stunden in der Woche, um 900 € zu verdienen: Sie muss dann noch zusätzlich Hartz IV beantragen, weil sie Kinder hat und die Miete bezahlen muss, während der Arbeitslose null Stunden arbeiten geht. Es gibt Menschen in guten Positionen in Firmen, die monatlich mehr verdienen, als ich im ganzen Jahr. Das ist unfair.

Von den Politikern wünsche ich mir, dass sie sich mehr mit den Betroffenen unterhalten, statt immer nur über sie zu reden. Wenn es um die Ausländerpolitik geht und darum wie die Situation besser gemacht werden kann, dann bitte mit den Ausländern zusammen. Ich würde die Politiker ein Praktikum im Kiez absolvieren lassen, bevor sie in die Politik einsteigen können. Vor allem diejenigen, die sich später mit Themen beschäftigen wie Arbeitslosigkeit, Jugendgewalt, Elternarbeit an den Schulen oder Ähnliches. Viele machen mir eher den Eindruck wie die Könige von früher: Sie verlassen ihre Burg nicht, um sich unters Volk zu mischen. Ich denke, das Volk würde so auch mehr Vertrauen in die Regierung setzen.

Ich würde Schuluniformen einführen, denn die Schule ist keine Freizeiteinrichtung, sondern so etwas wie der erste Arbeitsplatz. Wie bei einem Arbeitsplatz haben die Schüler Rechte und Pflichten, sie müssen pünktlich sein, ihr Arbeitsmaterial dabei haben, haben Anspruch auf Urlaub (Ferien), Anspruch auf Pausen (große Pause) oder auch einen Arbeitnehmervertreter (Elternsprecher). Also, warum nicht auch Arbeitskleidung (Schuluniform)? Es gibt viele Länder, in denen es die Schuluniform gibt und sie sich auch bewährt hat. Jedenfalls würden sich die Schüler nicht mehr aufgrund ihrer Kleidung voneinander unterscheiden oder gehänselt werden. Es gibt für jeden Anlass die passende Kleidung. Stellt Euch mal vor, die Bundeskanzlerin würde im Trainingsanzug zu einem Staatsbesuch gehen. Könnt Ihr Euch das bildlich vorstellen? Auch die morgige Begrüßung durch die Schulleitung ist zum Beispiel in arabischen Ländern keine Seltenheit. Morgens bevor die Schüler in den Klassen gehen, stellen sie sich alle in Reihen auf und werden vom Direktor oder von der Direktorin begrüßt. Dann gehen sie eine Reihe nach der anderen hoch in die Klassen und dabei wird bei jedem Schüler darauf geachtet, dass die Fingernägel sauber und geschnitten sind und vor allem, dass die Schuluniform sauber und gepflegt aussieht. Die Schulleitung macht sich ein eigenes Bild davon, wer da ist und wer zu spät kommt, beziehungsweise die Schule schwänzt.

Damit die Elternarbeit in den Schulen besser funktionieren kann, würde ich die Eltern in die Schularbeit miteinbeziehen. Sie sollen einen Teil der Aufgaben übernehmen, die die Lehrer bei ihrer Arbeit entlasten könnten. Zum Beispiel könnten sich die Eltern bei den Vorbereitungen der Elternabende beteiligen, indem sie die Einladungen schreiben. Damit mehr Vertrauen von Seiten der Eltern kommt, würde ich einige der Eltern mit auf Klassenfahrten schicken, damit sie sich ein Bild davon machen können, was auf einer Klassenfahrt passiert. Ich würde mir wünschen, dass wir Eltern über den Unterrichtsinhalt intensiver informiert werden, also auch ruhig Informationsabende zu Themen wie Sexualkunde, Religionsunterricht, Sportunterricht oder Klassenfahrten stattfinden. Die Eltern könnten so ihren Kindern besser bei den Hausaufgaben helfen und einige Interessen mehr unterstützen. Ich habe selber auch die Grundschule und die Oberschule hier besucht, aber wenn ich mir manche Aufgaben bei meinen kleineren Geschwistern anschaue, denke ich mir: «Mann, hast du viel vergessen».

Ich würde mehr Geld in die präventive Arbeit stecken, um später die Kosten für Gefängnisaufenthalte zu senken. In der Debatte um das Thema Jugendgewalt fragt man sich, ob es sinnvoll wäre, die Strafen zu erhöhen. Würde das wirklich helfen? Ich meine, in einigen Staaten der USA gibt es nach wie vor die Todesstrafe. Aber die Morde haben nicht aufgehört, obwohl die Täter die Strafen kennen. Also würde ich sagen: Nein, es würde die Kriminalitätsrate nicht senken. Für diejenigen, die heute elf Jahre alt und älter und schon straffällig sind, ist es schon fast zu spät. Hier kann man nur noch versuchen, den Schaden zu begrenzen.

Die Kinder in der Kita müssen auf spielerische Art und Weise lernen, wie sie sich in Konfliktsituation zu verhalten haben. Den Eltern würde ich die Schulordnung einprägen und sie verpflichten, sich daran zu halten. Ich würde zum Beispiel auch die Elternabende, die derzeit freiwillig sind, verpflichtend für alle Eltern machen. Genauer gesagt: Bei allen schulischen Aktionen müssen sich die Eltern beteiligen. Und zwar intensiver, als nur einen Kuchen für das Sommerfest zu backen.

Ich würde die Schwimmbäder und andere öffentliche Einrichtungen so verzaubern, dass sie für die Jugendlichen attraktiv und vor allem kostenlos sind. Ich glaube, wenn die Jugendlichen mehr beschäftigt sind, würden sie weniger Zeit dafür haben, Dummheiten zu machen.

Ich wünsche mir, dass wir Deuraber endlich ein Land als unsere Heimat empfinden können. In einer Werbung heißt es: «Zuhause ist dort, wo man willkommen ist». Wo aber ist das, wo man willkommen ist? Wir Deuraber haben nie gelernt, ein Land als unsere Heimat zu sehen. Und dennoch sehen die meisten von uns eher Deutschland als ihre Heimat an als das Herkunftsland ihrer Eltern.

173

Eine Botschaft an die, die eine zweite Chance wollen

Ich habe noch eine Botschaft für die, die eine zweite Chance wollen. Wenn Ihr etwas angestellt habt und es anschließend bedauert (Euch entschuldigt und den Schaden wieder gutmacht), dann hoffe ich, Ihr habt daraus gelernt. Einen Fehler einzusehen, ist eine Stärke und keine Schwäche. Nur wer seine Fehler erkennt, kann sie auch ändern. Es gibt immer jemanden, der für Euch da ist und Euch seine Hilfe anbietet. Und wenn ihr schon jemanden habt, der Euch eine Tür öffnet, dann geht auch durch. Das heißt, nehmt die Hilfe an und enttäuscht die Person nicht, denn wenn ihr jemanden enttäuscht, verliert dieser schnell das Vertrauen in Euch und tut sich schwer, Euch noch mal zu vertrauen. Jeder macht mal einen Fehler, aber ein zweiter darf nicht passieren.

Es ist nie zu spät, sich zu ändern. Lasst die Vergangenheit hinter Euch und schaut nach vorne; schaut dorthin, wo Ihr hin wollt. Wenn Ihr merkt, dass der Freundeskreis, mit dem Ihr täglich zusammen seid, kein guter Umgang ist, dann trennt Euch besser von diesem. Ich habe gelernt, dass niemand von meinem alten Freundeskreis je wirklich für mich da war.

Nur wer sich Ziele vor Augen hält, kann es auch schaffen, seinen Weg zu gehen und seine Ziele zu erreichen. Ihr werdet auch sehen, dass es doch Leute gibt, die uns so akzeptieren wie wir sind, ohne dass wir sie immer wieder beeindrucken müssen, wie in einer Gang. In der Gang müsst Ihr die Gruppe jeden Tag mit irgendwelchem Blödsinn beeindrucken und beweisen, dass Ihr noch cool seid.

Seid stolz auf das, was Ihr in Eurem Leben schafft. Ich bin auch stolz auf mich, und darauf, was ich alles geschafft habe.

Mein Dank

Ich möchte mich bei meinen Eltern für alles bedanken. Ganz besonders danke ich ihnen für das, was sie mich gelehrt haben. Ihr habt es mir erst möglich gemacht, mein Leben zu verändern.

Darauf, dass ich all die Jahre die richtigen Entscheidungen getroffen habe, hat meine Frau geachtet und dafür danke ich ihr. Liebe Miriam, du hast mich in all meinen Vorhaben unterstützt und mich in allem begleitet, danke! Meinen Schwiegereltern danke ich für ihre Unterstützung und ihr Verständnis der letzten Jahre.

Durch meinen Onkel, Mahmoud Fayoumi (Abu Bilal), habe ich erst Neukölln kennen gelernt. Aber vor allem habe ich durch ihn gelernt, wie man mit Menschen arabischer Herkunft umgeht.

Lieber Gilles Duhem (mein Mentor) und liebe Renate (meine Mentorin), Euch danke ich dafür, dass Ihr mir in den Hintern getreten habt und mich so zu meinem Glück gezwungen habt.

Ich danke auch ganz besonders Kismet Tas, ohne Dich hätte ich meine Ausbildung nie bestanden.

Dem Quartiersmanagement-Team danke ich für seine Unterstützung und für die Geduld mit mir. Ich habe viel von Euch gelernt, besonders haben mir Eure Erfahrungen im Umgang mit Menschen und dabei, wie ich ein Quartiersmanager werden kann, geholfen.

Den Jugendlichen, die mich kennen beziehungsweise denen ich begegnet bin, danke ich für ihre Offenheit und dafür, dass sie mich an ihrem Leben haben teilnehmen lassen. Ich habe eine Menge von Euch gelernt und nur so war es möglich, in meiner Arbeit erfolgreich zu sein.

Stephan Meyer danke ich für die tolle und intensive Unterstützung mein Buch zu schreiben. Sie haben nie daran gezweifelt, dass ich es schaffen werde und haben mich immer wieder motiviert, ich danke Ihnen!

Für die vielen Ratschläge, Unterstützung und Zusammenarbeit danke ich auch Heissam und Mona Ibrahim, Murat Gemici, Baris Akdag, Ercan Kozluoglu, Dr. Mahmoud, den Schulen und den Schülern, dem Abschnitt 55 und ganz besonders dem Stab 4 der Direktion 5, Karl-Heinz Gaertner, Sigrid Peuker, Essy Agboli-Gomado, meinen ehemaligen Kollegen und all denen, die ich hier nicht mehr namentlich erwähnen konnte – Danke!

Das Foto für das Cover hat der Fotograph und Freund Ünsal Erbas gemacht.